Bro a Bywyd
D.J. Williams
1885-1970

Golygydd / John Gwyn Griffiths

Cyngor Celfyddydau Cymru 1983

Rhagair

Cyfres fywiog yn yr iaith Almaeneg yw *Rowohlts Bild-monographien*. Mae
pob cyfrol yn fath o gofiant i lenor neu feddyliwr neu gerddor mawr, ond
defnyddir llu o luniau i addurno'r hanes. Yn ei gyfrol am Hermann Hesse
(1963) rhydd Bernhard Zeller lawer cip drwy ddull llun ar bersonau a
bröydd sy'n bwysig yn yr hanes. Eto yr hyn sy bwysicaf iddo yw'r
bywgraffiad mewn geiriau; ac mae'n un sy'n manylu tipyn.

Arall yw pwyslais y gyfres *Bro a Bywyd*. Yma rhoir cyfle i'r lluniau ddweud
yr hanes yn bennaf, ond bod ymgais i gyplysu'r lluniau â gweithiau'r llenor.
Fel hyn daw amlinell cofiant i'r golwg, a cheisir dilyn trefn amseryddol yn y
cyfleu.

Cefais y fraint fawr o adnabod y Dr. D.J. Williams, Abergwaun, a golygodd
hynny mai pleser pur oedd cynnull deunydd y gyfrol. Gobeithio, yr un
pryd, yr ysgogir rhywun i sgrifennu cofiant manwl iddo gyda gwerth-
fawrogiad llawn o'i fywyd a'i waith. Mewn ystyr, wrth gwrs, fel yn achos
Hermann Hesse, ni all neb byth gystadlu â'r hunan-bortread a roddodd
D.J. i ni yn ei weithiau, yn enwedig yn *Hen Dŷ Ffarm* ac *Yn Chwech ar
Hugain Oed*. Ond ni fanylodd yno ar rai pynciau sydd o arwyddocâd
llenyddol, megis y dylanwadau a fu arno a'r gyfathrach bersonol â
llenorion eraill, yn neilltuol â Waldo Williams.

Ysgolion Haf Plaid Cymru, cyfarfodydd Undeb Cenedlaethol Athrawon
Cymru a'r Academi Gymreig, ambell rali wleidyddol neu grefyddol –
dyna'r achlysuron lle y deuthum yn agos ato a mwynhau ei gwmni difyr.
Mae'r gyfrol hon yn arddangos amlochredd ei fywyd a'r wedd
gymdeithasgar a oedd mor amlwg ynddo. Mae'n rhoi argraff weledig i ni
hefyd o'r ffynonellau îr a fu'n ysbrydiaeth iddo fel llenor. Os rhoir y
flaenoriaeth yn naturiol i'r Hen Ardal yn Rhydcymerau, mae bröydd eraill
yn bwysig yn ogystal, heb anghofio'r ddynoliaeth gynnes a fu'n hoffter iddo
yng Nghymoedd y Glo.

John Gwyn Griffiths

1

Columns	1	2	3	4	5	6	7	8	9	10
No.	When and where born.	Name, if any.	Sex.	Name and Surname of Father.	Name and Maiden Surname of Mother.	Rank or Profession of Father.	Signature, Description, and Residence of Informant.	When Registered.	Signature of Registrar.	Baptismal Name if added after Registration of Birth
475	Twenty sixth June 1885. Penrhiw Llansawel R.S.D.	David John	Boy	John Williams (Junior)	Sarah Williams formerly Morgans	Farmer	John Williams Junior Father Penrhiw Llansawel	Seventh July 1885.	John Davies Registrar	

1. Cofnod Geni.

Yn ôl *Hen Dŷ Ffarm*, t. 13, bu'r geni 'rhwng pedwar a phump o'r gloch y bore, y 26 o Fehefin yn y flwyddyn 1885, a Margaret Anne, "Pegi" fy chwaer, rhwng tri a phedwar o'r gloch, fore'r 21 o Ionor, 1887.' Ychwanegir, 'Yn ôl fy mam fe gododd Pegi awr gyfan o'm blaen i byth er y bore cynnar hwnnw.'

2. Yr 'Hen Dŷ Ffarm'.

Erbyn heddiw dim ond adfail yw ffermdy Penrhiw (Penrhiw Fawr yn llawn, ond Esgair Fyda cyn hynny). Yno y ganed D.J. ar ôl i'r teulu symud yno ym 1840 o Clun March; ym 1838 roeddent wedi gadael fferm Llywele, cartref y teulu am amser hir iawn – am ganrifoedd yn wir. Yn ail bennod *Hen Dŷ Ffarm* rhydd D.J. dipyn o hanes ei dad-cu, Jaci Penrhiw, a chrynhoi ei gamp fel hyn:

'Arllwyswyd y cymoedd o'u tyfiant gwyllt, cynhenid, a'u plannu'n elltydd dan drefen gymen caib a llinyn; a throwyd y gwndwn tewgroen yn gaeau o borfa las rhwng cloddiau a pherthi cysgodol ac ôl y bâl a'r bilwg arnynt. Dan ei law ddiwyd, fedrus ef, daeth Penrhiw lethrog, ddiarffordd, yn un o ffermydd graenusaf, mwyaf blaengar, a chynhyrchiol y cylch.'

(*Hen Dŷ Ffarm*, 98-99.)

Defnyddir y beudai o hyd, fel yr awgryma'r llun hwn (Medi 22ain, 1982).

3

5

3. 'Caeau o Borfa Las'.

Heddiw y mae Mr Gilmor Morgan, Maes-y-Coed, Llansawel, yn berchen ar Penrhiw ac yn ffermio'r tir. Mae'n bosibl mai 'defeidiwr' yw, fel Jaci Penrhiw.

4. Ar dir Penrhiw.

Peiriant amaethyddol olwynog ar dir Penrhiw heddiw.

5. Hen Olwyn Ddŵr Penrhiw.

Wrth fanylu ar y manteision a'r anfanteision ym Mhenrhiw dywed D.J.

'Ond fe ddaeth y rhod ddŵr; a phan fyddai'r dŵr yn brin, yr horspwer pedwar ceffyl yn cerdded mewn cylch, a'r gyrrwr ar ei bedestal yn y canol a'i whip goes-gelynen yn ei law i flaen gyffwrdd â'r dodjer a'r diog, i droi'r peiriannau dyrnu a nithio a'r *chaffcutter* ym Mhenrhiw. Dechreuodd y pethau hyn newid y ffordd o weithio ac ysgafnhau llawer ar dreth y corff. Ond gwaith fydd gwaith o hyd, a llether fydd llether tra rhed nant ac afon wrth ei droed; ac, ar ryw ystyr, gwyn eu byd preswylwyr y gwastadedd.'
(*Hen Dŷ Ffarm*, 93.)

4

6

8

6. Tŷ Gwair Penrhiw.

Mae D.J. yn manylu ychydig ar hwn:

'Codwyd y tŷ gwair hwn gan fy
nhad, o fewn fy nghof i, ddechrau
haf 1889 – dair blynedd wedi marw
fy nhadcu. 'R oedd yn ugain llath o
hyd, yn groes gyda gwaelod yr
ydlan, a tho sinc ar ei ben. Rhennid
ef yn bedwar 'golau', fel y dywedir,
a phob golau yn bum llath sgwâr
wrth bump o uchder. Fe'i llenwid
dan sang, bob cynhaea, gan wair
hadau o'r tir âr, gwair gwndwn o'r
tir pori – Cae-dan-tŷ, Dôl Morfa,
Dôl Fras Girch, a'r Ddôl Fowr, – a
gwair garwach o Waun y Byrgwm.'

(*Hen Dŷ Ffarm*, 83.)

7

7. Pegi, Chwaer D.J.

Roedd hi ddwy flynedd yn iau nag ef, a bu am gyfnod yn nyrsio. Daw'r llun
yma o'r cyfnod hwnnw. Ymbriododd â Mr Emlyn Miles, Y.H., a bu farw
ym 1965. Mae *Hen Dŷ Ffarm* yn sôn tipyn amdani; hefyd dwy bennod
gyntaf *Yn Chwech ar Hugain Oed*, lle disgrifir y mynych chwarae a fu
rhyngddynt yn ffermydd Penrhiw ac Abernant.

8. Abernant, Rhydcymerau.

Fel hyn yr oedd cyn adnewyddu'r adeilad ym 1962.

9

9. Abernant, Rhydcymerau.

Ym mis Hydref 1891, pan oedd D.J. ychydig dros chwech oed, symudodd y teulu o Benrhiw i Abernant –

'o Benrhiw, yr Hen Dŷ Ffarm anghysbell, i Abernant, y tyddyn bach cyfleus ar ochr y ffordd fawr.'

(*Yn Chwech ar Hugain Oed*, 13.)

Fferm o ryw ddau gyfer ar hugain oedd Abernant. Cafodd y tŷ ei adnewyddu ym 1962. Tynnwyd y llun uchod ym 1982.

10

10.   Y Capel a'r Siop, Rhydcymerau.

Ar y chwith, Capel Rhydcymerau. Gyferbyn ag ef y mae Tafarn y Ddraig Goch, a gychwynnwyd ym 1981. Cyn hynny, hyd at 1977, y Siop oedd yr adeilad hwn; ac yma y bu Dafydd Ifans y Siop yn teyrnasu am gyfnod hir. (*Hen Wynebau*, 75-85.)

11.   Capel Rhydcymerau a Thŷ'r Felin.

Llun cynharach o'r Capel a'r Siop gyferbyn yn hysbysebu 'Ivy Tea'. Heibio i'r Capel y mae talcen Tŷ'r Felin.

12.   Capel Rhydcymerau.

Hefyd gwelir rhan o'r gladdfa ar yr ochr chwith. Capel y Methodistiaid yw, a'r unig gapel yn y pentref. Y gweinidog presennol yw y Parch. J. Howell Evans, sydd hefyd yn gofalu am chwech eglwys arall, sef Saron; Pumsaint; Cwrtycadno; Caeo; Bethel, Llansawel; ac Esgair-nant.

11

12

13. Yng Nghapel Rhydcymerau.

Tynnwyd y llun hwn ar brynhawn Sadwrn ym Mehefin 1982, a'r Parch. J. Howell Evans, y gweinidog, yn y pwlpud. Ar y chwith i'r pwlpud y mae sêt Abernant, sef sêt D.J. a'i deulu. Wrth ddisgrifio'r Siopwr fel codwr canu dywed D.J.

'Ond byddai'n rhaid dod i Rydcymerau ddeugain mlynedd yn ôl, ar fore Sul, neu nos Sul wedi i'r plant ddweud eu hadnodau, dorf fawr ohonynt, o gornel sêt Abernant ar un ochr hyd at gornel sêt y Llether yr ochr arall, i weld y Siopwr yn ei afiaith gyda'r canu. Capel gwlad, gweddol o faint, gydag oriel un pen iddo'n wynebu'r pwlpud. Pob sedd, ymron yn llawn.'

(*Hen Wynebau*, t. 82.)

Yn sêt Abernant yn y llun hwn y mae Mrs Mary Jones, Ysgrifennydd yr eglwys, ac Arthur Evans, y pen blaenor presennol ac ŵyr i Dafydd Ifans y Siop.

14

13

14. Yng Nghapel Rhydcymerau.

Arthur Evans, cefnder i D.J., yn sefyll yng Nghapel Rhydcymerau (ar Fehefin 12fed, 1982) yn y fan lle y byddai Dafydd Ifans y Siop, ei dad-cu, yn sefyll i arwain y gân. Fel hyn y mae D.J. yn portreadu Dafydd Ifans yn ei afiaith gyda'r canu:

'Pan fyddai'r canu yn ei hwyl ceid gweled breichiau'r Siopwr ac adenydd ei got yn codi ac yn disgyn fel eryr mawr yng nghanol y deml. Trawai'r peth ambell ddyn dieithr di-ddychymyg, braidd yn od, y mae'n debyg. Ond i ni yr hen ardalwyr, yr oedd mosiwn y Siopwr yn rhan o'r addoliad.'

(*Hen Wynebau*, 83.)

Gwelir organ yn y llun. Nid oedd organ yno y pryd hwnnw, a defnyddiai Dafydd Ifans 'fath o gorn bach . . . i gymryd y sŵn.'

15. Capel Rhydcymerau, Cyfraniadau.

Tudalen o 'Lyfr Casgl y Weinidogaeth' yn 'Eglwys Rhydcwmerau' am y flwyddyn 1911. Dangosir bod John a Sarah Williams, Abernant, yn cyfrannu swllt a chwech yr un (yn wythnosol?), a David John Williams swllt.

16

16.   Y Bont, Rhydcymerau.

Heibio i'r bont, ar y dde, y mae tŷ ag iddo borth onglog. Hwn oedd Yr Efail Fach.

17.   Yr Efail Fach, Rhydcymerau.

Dyma gartref Dafydd 'r Efail Fach a'i wraig Nel (ar y chwith) fel yr edrychai ym Mehefin 1982. Yn ymyl y mae Pen Bompren, y tŷ lle y ganed D.O. Davies, yn awr o Abersalfach Pontargothi ar ôl ymddeol o'i swydd fel Rheolwr Banc yn Rhydaman (1949-69); bu ef yn gyfaill mawr i D.J.

17

18

19. Prif lidiart Cwmcoedifor.

Mae'r llidiart sydd heddiw ar y ffordd fawr o flaen Cwmcoedifor yn cynnwys hysbysiadau sydd hytrach yn sa-drawaidd. Ond roedd y ffarm hon fel ail gartref i D.J.

19

18. Golygfa o Gwmcoedifor, Rhydcymerau.

Gwelir coedwig Brechfa yn y cefndir, ac ym marn D.J. bu'r Comisiwn Coedwigo braidd yn rhy brysur yn yr ardal.

Sonia D.J. yn delynegol am ei 'Filltir Sgwâr':

'I mi, dyma fro y broydd, y godidocaf ohonynt oll. Dysgais ei charu. mi gredaf, cyn dysgu cerdded. Dyma wlad fy nhadau mewn gwirionedd. . . . Nid oes i mi gartref ysbrydol ond yma. Y brogarwch cyfyng hwn, os mynner, a'i ganolbwynt yn 'y filltir sgwâr' yn Hen Ardal fach fy mebyd lle y gwelais i bethau tecaf bywyd a'm gwnaeth i yn Shirgar anobeithiol. Dyma graidd fy ngwladgarwch . . .'

(Hen Dŷ Ffarm, 48.)

Wrth gwrs, mae'r lleoedd a ddangosir yma yn y 'Filltir Sgwâr', ond, fel yr awgrymodd D.O. Davies, dim ond llun o'r awyr a allai roi syniad cryno.

20

21

20. Cwmcoedifor.

Hwn oedd y tŷ cymydog nesaf, yn ddaearyddol, i Abernant. Dywed D.J.:

'Y tŷ nesaf at Abernant yw Cwmcoedifor ar y cnwc uwchben y ffordd fawr. Y Cae-dan-tŷ a'r llwybr drwy ei ganol, heibio i'r ddwy onnen, sy'n gwahanu'r ddau. Ac o bu cymdogaeth dda rhwng teuluoedd erioed oddi ar pan wyf i'n cofio, er newid o'r trigolion ryw gymaint, fe fu yma; ac fe bery o hyd.'

(Yn Chwech ar Hugain Oed, 28.)

21. Cyfaill bore oes.

Fel y dengys arddull ei gwallt a'i gwisg, cyfaill bore oes yw hi.

22

22.   Cyfeillion Bore Oes.

Let ac Emily, Y Siop, Rhydcymerau.

23.   Y Cart an' Horses.

(yn y cefndir) fel yr oedd yn nyddiau John a Neli Jenkins.

24.   Lle Bu'r 'Cart an' Horses', Rhydcymerau.

Heddiw mae'n ysgubor, ond bu'n dafarn unwaith o gryn bwys yn

Rhydcymerau. John Jenkins a'i wraig oedd wrth y llyw. Mae D.J. yn manylu fel hyn:

'Cadw tafarn 'Y Cart', unig dafarn y cylch, a wnâi John Jenkins, neu, o leiaf, ei enw ef oedd ar y lesens uwchben y drws. Ond fel y gwyddai pawb, Neli, ei wraig, a ofalai am 'Y Cart', a'r tir a berthynai iddo, digon i gadw tair buwch a phoni. Ni fu gwraig ddoethach na llawnach o synnwyr cyffredin erioed yn cadw tafarn gwlad na Neli'r 'Cart'.'

(*Hen Dŷ Ffarm*, 36.)

A dywed am John Jenkins:

'John Jenkins 'Y Cart' oedd yr enghraifft orau o ddirwestwr a gwrddais i erioed. Bu John Jenkins yn cadw tafarn 'Y Cart and Horses' am dros hanner can mlynedd, ac, fel rhan o'i fusnes fel porthmon, trôi i mewn i dafarnau, mewn tre a phentre drwy'r wlad, ar bob rhyw dywydd, ac ymhob rhyw gwmni. Er hynny, ni chlywais iddo erioed gymryd glasaid mwy nag oedd weddus iddo. Rhywbeth i dorri'r ias a nawseiddio'r gymdeithas oedd glasaid o gwrw iddo ef.'

(t. 39.)

23

24

25. Dafydd 'r Efail Fach.

Llun gan Dr Richards, Llansewyl, o Dafydd 'r Efail Fach yn ei ddillad gwaith. Ef yw'r cyntaf yn oriel *Hen Wynebau*, a disgrifir ef gan D.J. fel pen storïwr y fro a meistr yr 'Union Air'. Ni fedrai ddarllen na sgrifennu, er i Nel ei wraig fedru hynny ar ôl Diwygiad '59, ond dywed D.J. am Dafydd:

'Y llafurwr anllythrennog hwn, cwbl ddiymwybod â'i ddawn, yw'r person mwyaf dethol a gofalus yn ei eiriau ymadrodd o bawb y cefais i'r pleser o wrando arnynt yn ymddiddan erioed.'

Dywed hefyd:

'Gwelai'r peth a ddisgrifiai mor fyw o'i flaen nes bod ei holl eirfa werinaidd yn dawnsio i'w wasanaeth.'

(*Heb Wynebau*, 12-13.)

26. Danni'r Crydd.

Mewn myfyrdod y mae yma rhwng gwaddan ac uchafed esgid. Ef yw un o gymeriadau *Hen Wynebau* a pherchennog y ci Vic.

27. Tafarn y 'White Horse' Llandeilo.

Sonia D.J. am deithiau, pan oedd yn ifanc iawn, i farchnad Llandeilo gyda'i fam, a'r gaseg Blac yn tynnu'r cerbyd. Byddent yn disgyn yn y 'White Horse':

'Y White Horse', hen dafarn yr eid i mewn iddo o dan y bwa cerrig gyferbyn â'r 'Cawdor Arms', oedd ein tŷ disgyn ni yn Llandeilo. Fel hen dafarnau trefi marchnad yn gyffredin 'r oedd iddo stablau glân a beili wedi ei bafio â cherrig afon i gadw'r cerbydau. Telid tair neu whech i'r hosler am le i'r ceffyl a galwai pob dyn parchus rywbeth 'at les y tŷ'. Ni fûm i yn yr hen dŷ tafarn hwn er y dyddiau cynnar hynny.'

(*Hen Dŷ Ffarm*, 22.)

Y 'White Horse' heddiw (Medi 27ain, 1982) sydd yn y llun.

28

28.   Plasdy Rhydodyn, Llansawel.

Dywed D.J. yn *Hen Dŷ Ffarm* (t. 62) fod perchennog stad Rhydodyn, 'y Syr James Williams Drummond diweddaraf', 'ar ei drafel yn rhywle, heb unrhyw gysylltiad rhyngddo â'i ddeiliaid, namyn derbyn eu rhenti; a llawr parlyrau'r hen blas yn tyfu caws llyffaint (mushrooms) dan ofal Pwyliaid.' Truenus yw gwedd y plasdy heddiw (27ain Medi, 1982).

Mae D.J. yn crybwyll traddodiad distaw yn nheulu ei dad, o du ei dadau yntau, teulu Llywele, 'ein bod ni'n dod, rywle, o'r un achau â hen deulu Rhydodyn' (t. 59). Yna mae'n sôn am ymchwil Rhys Dafys

Williams o Lansadwrn, sy'n dangos 'y gellid olrhain y ddau dylwyth hyn, tylwyth Llywele a thylwyth Rhydodyn, yn ôl i'r un cyff tua diwedd oes y Frenhines Elizabeth'. Dywed ymhellach:

'dyna'r achau wedyn, fel y'u ceir gan Ieuan Brechfa a Lewis Dwnn, yn mynd yn ôl yn glir i Ddafydd Fychan o Rydodyn, noddwr Lewis Glyn Cothi a beirdd ei gyfnod, bum can mlynedd yn ôl, – a thu ôl i hynny; a chanfod, hefyd, nad gwag, efallai yr hen ddywediad mai fy "nhadcu oedd yr unfed ach ar

bymtheg a aned ac a faged yn Llywele".'

(*Hen Dŷ Ffarm*, 61.)

Cymharer pwyslais Saunders Lewis ar D.J. fel un o'r bonedd; a geiriau Gwenallt amdano:

'*Gŵr bonheddig ydwyt o'th sodlau i'th gorun,*
A thu ôl i'th swildod un o greigiau Shir Gâr.'

29.   Y Dyn Ieuanc.

Prin yw'r lluniau o D.J. ym more oes. Mae'r llun stiwdio hwn ymysg y deunydd a roddwyd i'r Llyfrgell Genedlaethol, ac mae'n awr yn Yr Adran Fapiau.

29

30

31.   Capel Penuel (M.C.) Ferndale.

Dyma'r capel lle'r ymaelododd D.J. Y Parch. Benjamin Watkins oedd y gweinidog, ac roedd y cyrddau gweddi a'r seiadau yn llawn bob amser. Yn y cwrdd Nos Sul byddai'r capel dan ei sang, a hynny cyn dyfodiad y Diwygiad. Dywed D.J. am y blaenoriaid a'r gweinidogion:

'Nid o fewn y set fawr yn eu capeli eu hunain yr oeddent yn flaenoriaid ond yr oedd iddynt barch yn y talcen glo ac edmygedd distaw eu cydweithwyr digon anystyriol yn fynych. Yr oeddent yn ddynion 'ar wahân', a'u bywydau'n dystiolaeth o'r hyn a broffesent. A Gweinidogion yr Efengyl, nid y Miners' Agents, ydoedd Tywysogion y Cymoedd yr adeg honno.'

(*Yn Chwech ar Hugain Oed*, 110.)

30.   Ferndale: 32 Dyffryn Street.

Yn Ferndale lletyai D.J. yn 32 Dyffryn Street, gyda Mrs Martin, gwraig weddw a phedwar o blant ganddi. Dywed am y tŷ hwn, y drws nesaf ond un i Salem Newydd, Capel y Bedyddwyr, 'dyma'r tŷ mwyaf diddorol ac amrywiaethus ei drigolion y bûm i'n byw ynddo o gwbl.' Byddai Mrs Martin yn cadw siop fach yn y parlwr, ac fel y gwelir yn y llun hwn (11 Awst 1982) ceir yno siop o hyd.

Aeth D.J. o Rydcymerau i Ferndale ar Ionor 4ydd, 1902, ac aros yno tan ddechrau Medi 1904.

32.   Pwll y Betws Isa.

Un o'r adeiladau a berthynai i Bwll y Betws Isa. Mae'r llun yn dangos y cefndir coediog. Heb fod ymhell ar y chwith, heddiw, y mae 'Clwb yn y Wlad'.

32A.   Yn un o lofeydd Cwm Rhondda (1905).

31

32

33. Pwll y Betws Isa, Rhydaman.

Ym mis Medi 1904 yr aeth D.J., ar ôl gadael Ferndale, i weithio mewn glofeydd yng Nghwm Aman, maes y glo carreg. Dywed am y bobl yma:

'Roedd y gymdeithas yng Nghwm Aman, yn enwedig yng Ngwaith Isa'r Betws lle y bûm i yn bennaf, yn llawer mwy gwledig ei naws nag yng Nghwm Rhondda.'

(*Yn Chwech ar Hugain Oed*, 148.)

Caewyd y pwll ers tro ac yn y llun hwn, a dynnwyd ar Fehefin 5ed, 1982, gwelir olion rhai o'r peiriannau a ddefnyddiwyd yno, gan gynnwys rheilffyrdd a dramiau tanddaearol. 'Labro'r nos' a wnâi D.J. fel arfer yn y lofa hon, a dywed (t. 149): 'Droeon wedyn byddwn fel Harri Morris yn gwacáu dramiau yn y twll-rhwbel a'm gwddwg fel rhasb gan y llwch tew.'

32A

33

34

34. Pwll y Betws Isa.

Golygfa ger olion Pwll y Betws Isa, yn dangos yr olchfa a ddefnyddir heddiw gyda'r gwaith glo presennol. Gan mai labrwr nos ydoedd D.J. yno, bach oedd ei gyflog. Dywed am hyn (t. 162):

'Gweithiwn yn y Betws am arian bach difrifol, arian labrwr, yr isaf yn y gwaith. Pedwar a cheiniog y dydd oedd fy nhâl, tra câi glowyr na fyddai arnaf ofn gweithio wrth eu hochr . . . dair a phedair gwaith y gyflog honno.'

35. Pwll y Betws Isa.

Rhai o'r tomennydd glo ger hen Bwll y Betws Isa. Mae coed yn tyfu arnynt bellach. Ar y dde y mae Afon Aman, ac yn y cefndir y mae Mynydd y Betws.

Mynnai D.J. feithrin ei gryfder corff, a dywed am hyn (t. 153):

'Fel Byron gynt deuthum innau yn enwog dros nos fel "crwtyn cryf uffernol".'

Ymysg ei gydweithwyr yr oedd Gwilym Griffiths, brawd James Griffiths (yr A.S. wedi hynny) a David Rees Griffiths (y bardd Amanwy).

36. Capel Newydd y Betws.

Yn ôl yr arysgrif 'Capel Newydd y Trefnyddion Calfinaidd, Adeiladwyd 1904.' Dywed D.J. (t. 159): 'Y gweinidog ar y pryd yng Nghapel Newydd y Betws lle yr awn i ydoedd y Parch. Evan S. Davies a dreuliodd ei oes yn ddiweddarach fel bugail Capel Drindod ger Henllan, Castell Newydd Emlyn.' Adeg y Diwygiad oedd hi, a bu D.J. yn dyst i'r deffro ysbrydol. Er iddo werthfawrogi cywirdeb y profiadau a gafodd llawer, ni chyffyrddwyd mohono yn bersonol.

'Ond er teimlo'r cynhesrwydd a'r naws hyfrydol drwy'r cyfan, eto, aros yn sylwedydd a fu fy rhan i heb i ddim arbennig gyffwrdd â mi.'

Yn ddiweddarach, pan oedd yn athro yn Llandrillo, y daeth iddo'r 'dröedigaeth' neu'r 'trobwynt' yn ei brofiad ysbrydol. Gweler *Yn Chwech ar Hugain Oed*, tt. 234-5. Gweinidog presennol Capel Newydd y Betws yw y Parch. E. Alun Thomas.

35

36

37. Pwll Pont y Clerc.

Rhai o olion Pwll Pont y Clerc, Pantyffynnon, gydag un o'r adeiladau sy'n aros. Braidd yn sydyn y daeth diwedd y cyfnod hwn yn hanes D.J. Fe'i disgrifia fel hyn:

'Wrth y twrn nid wrth y dunnell y torrid y glo yma, a phob un yn gweithio'n rhesymol, wrth ei bwysau, ond neb yn lladd ei hunan. Wedi tipyn o drafodaeth rhyngddynt methwyd gan y perchenogion a'r gweithwyr â chytuno ar bris yr wythïen. Y canlyniad fu i ni i gyd gael mis o rybudd i ymadael, a'n cloi allan o'r gwaith, *lock-out notice*. A dyma fi yn fy ugeinfed mlwydd yn chwilio am waith unwaith eto – y pedwerydd tro yn awr.'

(*Yn Chwech ar Hugain Oed*, 163.)

38. Pwll Pont y Clerc.
Olion Pwll Pont y Clerc, Pantyffynnon, yn ymyl y fan lle suddwyd y pwll. Ar ôl cweryl gydag is-oruchwyliwr Pwll y Betws Isa, manteisiodd D.J. ar y cyfle i weithio yn y pwll newydd hwn. 'Yr adeg honno', meddai, 'yr oedd drifft arall newydd gael ei hagor ym Mhont y Clerc yn ymyl Pantyffynnon. Wedi cweryla â'r Bwli Mawr o'r Betws euthum yno ar fy union i chwilio am waith, a'i gael drwy lwc, – a hynny'n waith ar y glo o'r diwedd, a thipyn mwy o arian a gweithio'r dydd hefyd. Ac am y tri neu bedwar mis olaf o'm blwyddyn gron yn y Betws yno y bûm i wrthi.' (t. 163.)

37

38

39

40

39. Pont y Rheilffordd, Blaendulais.

Wedi'r cloi allan ym Mhont y Clerc bu i D.J. a chyfaill iddo (Jac Williams) gefnu ar y Betws yn ystod haf 1905. 'Diflanasom fel dwy blufen eira dan wres ysbeidiol Gorffennaf cynnar 1905.' (t. 168.) Cymerwyd trên o Rydaman i Frynaman, a D.J. yn cofio geiriau Watcyn Wyn:

Tu hunt i'r Mynydd Du
Rwy'n gweld rhyw hyfryd wlad.

Y bwriad oedd cael trên o Frynaman i Ystalyfera. Ond pan ddaeth trên y G.W.R. i Frynaman, gwelwyd trên yr L.M.S. yn pwffian allan am Ystalyfera, a phedair awr i fod cyn yr un nesaf. Felly cerdded a wnaed i Gwm Llynfell a Chwm Twrch, bro Watcyn Wyn, Mathonwy, Ben Davies, Dyfnallt, a Gwydderig. Cawsant waith ym Mlaendulais heb oedi dim, a daeth eu cistiau gyda'r trên yr un noson.

40. Glofa Blaendulais, 1942.

Dangoswyd y lofa hon yn y ffilm *Y Pentref Mud*, gwaith gwrth-Natsïaidd a wnaed gyda chymorth Ffederasiwn Glowyr De Cymru. Bellach cafodd y lofa ei llwyr ddinistrio a'i gwastatáu, a cheir porfa yn tyfu yn y man lle bu. Gweler Chris Evans, *Industrial and Social History of Seven Sisters* (Caerdydd, 1964) gyda llun ar dud. 51 o agoriad y lofa hon ym 1872: hefyd id. *Blaencwmdulais* (Caerdydd, 1977).

41

41. Soar, Capel yr Annibynwyr, Blaendulais.

Roedd D.J. yn lletya gyda John a Mari Jenkins, deuddyn o Gwm Twrch a ganmolir yn frwd ganddo. Drws nesaf yr oedd Mans yr Annibynwyr, ac eglura D.J. pam yr âi'n aml i'r capel hwn er mai Methodist oedd:

'Nid oedd gweinidog gan eglwys y Methodistiaid ym Mlaen Dulais ar y pryd. Ond y drws nesaf i ni yr oedd Mans eglwys yr Annibynwyr, a'r Parch. Edmund Davies, dyn rhagorol iawn, a'i briod, Mrs Davies lawn cystal ag yntau, yn byw. 'R oedd ganddynt ddwy eneth fach swynol hefyd, Ceinwen yn rhyw bump oed a Morfudd tua'r tair, a rhedai'r ddwy yn fynych i'n tŷ ni. Drwy agosrwydd a chyfeillgarwch teulu'r Mans a 'Bro Dawel', ein lletty ni, dechreuodd Jac Williams a finnau yn llawn mwy mynych fynd at yr Annibynwyr nag i'n capel ni ein hunain.'

(*Yn Chwech ar Hugain Oed*, 183.)

Ysgrifennydd yr eglwys hon heddiw yw'r Dr. Rosina Davies.

42. Tafarn y Saith Chwaer, Blaendulais.

Heddiw (Mehefin, 1982) mae Swyddfa'r Post yn ymyl. Yn is i lawr yn y pentref yr oedd siop yr Eidalwr y canodd Waldo Williams gwpled cywydd iddo yn ystod is-etholiad seneddol yno ym 1945, pan aeth D.J. ac ef i helpu achos Wynne Samuel, ymgeisydd Plaid Cymru:

Here's the shop for pop and pie
Gorau Diawl Segradelli.

(*Yn Chwech ar Hugain Oed*, 188.)

(Ysywaeth ni lwyddodd yr odl.) Am dafarn y Saith Chwaer dywed D.J.:

'Y Seven Sisters Hotel lle gwerthid hefyd gwrw'r cwmni, cwrw enwog Ifans Befan, ydoedd y prif adeilad yn gystal â'r prif gyrchfan cymdeithasol. Âi Jac a finnau yno'n achlysurol ryw ambell nos Sadwrn i wlychu'r whisl a chael sgwrs ag ambell hen begor fel Dan Adda a Ned Never Mind.'

(t. 186.)

'Lle peryglus', medd wedyn, 'ydoedd Cwm Dulais fel Cwm Tawe gerllaw am godi llysenwau ar bobl;' ac edrydd hanes yr enw swynol 'John Pwy Dwll'.

42

43

43. Seion, Capel y Methodistiaid, Blaendulais.

Yma yr oedd D.J. wedi ymaelodi, a dywed am ei dad, 'Methodistiaid o hil gerdd fu teulu fy nhad er dechreuad Methodistiaeth yn y tir yng Nghymru.' (t. 183) Gwelir Salem, Capel y Bedyddwyr, ar y chwith.

44. John a Mari Jenkins, Blaendulais.

Sgrifennodd D.J. ar gefn y llun hwn: 'John a Mari Jenkins, y lletywn gyda hwy yn Brodawel, Seven Sisters, yn 1905 hyd y Sulgwyn 1906. Mari Jenkins yma, gwraig ragorol iawn, yw'r Mari Morgan yn y stori o'r enw hwnnw yn y *Cymru Coch* tua 1916-17. Bendith arnynt, y ddau annwyl.' Mae'r stori bellach wedi ymddangos yn Y *Gaseg Ddu*, tt. 27-34.

45. Ysgol Gynradd Llandrillo, 1908.

Wedi dod adref o'r gweithfeydd, aeth D.J. yn Hydref 1906 i Ysgol Stephens Llanybydder. Yna bu'n dilyn *Clough's Correspondence Course*, a phasio'r *King's Scholarship* ar gyfer mynd yn athro ysgol. Y cam nesaf oedd cael profiad fel disgybl athro, a chafodd ei benodi ym Medi 1908 i swydd o'r fath yn Ysgol Llandrillo yn Edeyrnion, Meirionnydd. Bu yma am ddwy flynedd, ac ymhyfrydu'n fawr yn y fro. (*Yn Chwech ar Hugain Oed*, 217.)

Anfonodd y llun hwn o'r ysgol, gyda'r athrawon a'r disgyblion, at Miss S.J. Davies, Cwmcoedifor, Rhydcymerau. Mae D.J. yn y gornel gefn ar y dde. Y prifathro oedd Mr Ieuan R. Jones, a gofalai Miss Price am y babanod.

44

45

46. Llun Arall o Ysgol Llandrillo. Saif D.J. yn gwenu ar y dde yn y gornel bell y tu ôl i Miss Price, athrawes y babanod; a'r prifathro, Mr Ieuan R. Jones, o dan y ffenestr ar y dde.

46

47. Ysgol Joseph Harry, Caerfyrddin.

Ysgol yr Hen Goleg, Caerfyrddin, yn athrawon a disgyblion, ym 1910-11. Y prifathro oedd Joseph Harry, a gwelir ef yng nghanol yr ail res mewn siwt olau. Mae D.J. ar ddiwedd y drydedd res, ar y dde.

Mae gan D.J. deyrnged loyw i'r athro hwn. Sonia amdano fel 'y craffaf, yr hoffusaf, y doniolaf, a'r gorau o'r athrawon'; hefyd fel 'un o'r tri athro gorau, a'r pennaf o'r tri, mi gredaf, a adnabûm erioed'. Dywed ei fod 'yn byrlymu o ffraethineb ac o radlonrwydd ysbryd' ac mai 'disgyblaeth y brawd hynaf oedd ei eiddo ef.' Ceir disgrifiad byw o'r modd yr ysbrydolwyd ef gan Harry i ymserchu ac ymddisgyblu yn yr iaith Roeg. Yn ddiweddarach cyhoeddodd Harry ddau lyfr – *Priod Ddulliau'r Gymraeg* ac *Elfennau Beirniadaeth Lenorol* – sy'n arddangos, fel y dywed D.J., 'reddfau ymchwilgar a gofal y gwir ysgolhaig'. Ym 1914 gadawodd yr Ysgol i fod yn weinidog yn Llandyfri am ddeng mlynedd; yna aeth i fyw at ei ferch ger Llundain am bum mlynedd ar hugain nes marw yno yn 87 oed. Bu fy rhieni hefyd yn ddisgyblion iddo yng Nghaerfyrddin, a chlywais lawer am ei athrylith gynnes.

48

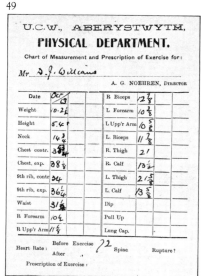

49

U.C.W., ABERYSTWYTH.

PHYSICAL DEPARTMENT.

Chart of Measurement and Prescription of Exercise for:

Mr D. J. Williams

A. G. NOEHREN, Director

48. Cyrraedd Coleg Aberystwyth.

Tynnwyd y llun hwn ar ddechrau Gorffennaf 1912, a D.J. bellach wedi ei dderbyn i astudio yng Ngholeg Prifysgol Cymru, Aberystwyth.

49. Mesuriadau.

Dechreuodd D.J. ymddiddori mewn ymarferion corfforol pan oedd yn gweithio fel glöwr: 'haearnwn fy hun, bob nos, ar ben fy niwrnod caled o waith, i fynd drwy gyfres arbennig o ymarferion, gyda dymbels a dulliau eraill, nes fy mod ar gwympo weithiau, yn hytrach na bod yn fyr o'r nod gosodedig'. (*Yn Chwech ar Hugain Oed*, 120-1.) Mae'n gwneud honiad 'ffrostus' wedyn:

'ddau ddyn yn unig y deuthum i ar eu traws yn ystod fy mlynyddoedd dan ddaear a ystyriwn i yn gryfach na mi – Ianto Llygaid Toston, dros ei ddeugain oed, a minnau dan fy ugain, a John fy nghefnder. gŵr cadarn arall ddeng mlynedd yn hŷn na mi . . .'

Daeth llwyddiant iddo droeon mewn gornestau paffio, yn cynnwys y rheini lle byddai ymwelwyr mewn ffeiriau yn herio unrhyw un. Roedd yn gampwr hefyd ar godi pwysau.

Nid yw'n syndod i D.J. barhau'r diddordeb pan aeth i Goleg Aberystwyth, fel y dengys ffurflen yr Adran Gwaith Corff. (Hydref, 1913.)

50

51

50.   Y Mabolgampwr.
D.J. yng Ngholeg Aberystwyth gydag 'Inspector W. Thomas'.

51.   Gyda Chyfaill Dyddiau Coleg.
D.J. gydag R. Penry Pryce. Llun a dynnwyd ym mis Tachwedd, 1913.

52.   Yn Hostel Plunlumon.
Gwŷr Shir Gâr yn Hostel Plunlumon yng Ngholeg Aberystwyth, 1915-16. Y rhes flaen yw Edward Parry, D.J., Jack Gravell, Twm Rees. Ymysg y lleill y mae Herby Rees, D.J. Morris, R.A. Thomas a T.A. Griffiths.

52

53

Y GASEG DDU.

I. Y GWAHODDWR.

Y R oedd yn fore hyfryd o wanwyn, ryw wythnos cyn ffair Dalis, dri ugain a deg o flynyddoedd yn ol. Canai'r adar yn fywiog a swynol yn y perthi a'r coedydd o gylch ffermdy hardd Pen y Ddôl. Safai'r ffermdy hwn ar godiad graddol y tir uwchlaw'r doldir isel ar lan yr afon, ryw hanner milldir o bentref tlws Llanaber, Dyffryn Teifi. Wrth gwrs, nid oedd yno yr un tren yn nyffryn Teifi yr adeg honno, na son am stesion Llanbed na Llan y Bydder. Ond ar y bore dan sylw, fodd bynnag, er nad oedd hi eto ond prin chwech o'r gloch, yr oedd Wil, mab hynaf Pen Ddôl, wedi hen orffen rhoi'r pryd cyntaf o flaen y ceffylau, ac hefyd wedi gorffen carthu'r stabal. Yr oedd gan Wil saith o geffylau dan ei ofal, a chan ei bod hi'n awr ynghanol prysurdeb y cynhaea dodi, ni fyddai Wil yn orgynnil wrth y gynos lafur, ar y storws uwchben y cartws isa. Yr oedd ffair

"Yfory, mae Jack Ty'n y Fron a Lili'r Pant yn priodi," ymsyniai âg ef ei hun ymhellach. "Rhai rhyfedd yw'r merched yma ynte! Dyma Jack, fy hen bartner, yn awr, ar ol caru bron pob merch yn shir Gâr a shir 'Barteifi, yn priodi croten fach beder ar bymtheg o'd ar bwys 'i gartre fe'n deg, a hynny heb garu ond rhyw hanner blwyddyn arni hi i gyd. Dyma fi wedi caru Elen Ty'n y Fron, 'hwa'r Jack, oddiar pan o'wn i'n grwt bach yn yr ysgol, 's llawer dydd—hynny ges i o ysgol. Ond ta beth, gwnn hyn o'r gore, ma'r unig beth ddysges i yno o'dd dysgu'r ffordd i garu Elen, a mae hi'n wers nad anghofia i byth mo honi 'rwy'n ofni." Ar hyn dechreuodd Wil ganu hen emyn serch Wil Hopcyn, heb yn wybod iddo'i hun, mewn llais bariton swynol,—

"O pam na ddeui ar fy ol
Ryw ddydd ar ol ei gilydd?
Waeth rwy'n dy wel'd y fein ——"

Cyhoeddwyd stori fer gyntaf D.J. yn *Cymru* 47 (1914), 257-263, sef yn y 'Cymru Coch' a olygid gan Owen M. Edwards. Enw'r stori gyntaf oedd 'Hen Gleddyf y Teulu'.

Ym 1916 yn yr un cylchgrawn y cyhoeddwyd 'Y Gaseg Ddu', yr hwyaf o'r storïau cynnar. Ceir ynddi ramantiaeth delynegol sy'n debyg o ran ei naws i *Under the Greenwood Tree* Thomas Hardy. Cynhwysir y stori yn *Y Gaseg Ddu a Gweithiau Eraill* (1970), 3-26.

Ym mis Mawrth 1909 enillodd D.J. dystysgrif mewn Gwaith Ambiwlans gyda Chymdeithas Sant Ioan (54). Cafodd dystysgrif yn ddiweddarach yng Ngholeg Aberystwyth am ei fedr mewn ymarfer corff yn ôl y Cynllun Swedaidd. (55)

54

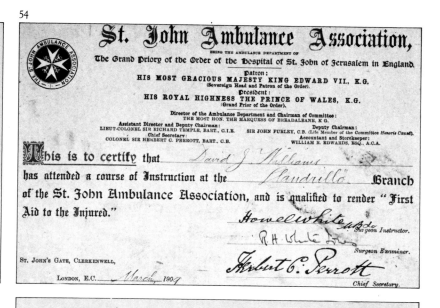

55

57

58(i)

56. Yng Ngholeg Aberystwyth.

Yn y rhes gefn, o'r chwith, y mae D.J. a'i gyfaill R.A. Thomas. Yr ail yn y rhes flaen, o'r dde, yw T. Hughes Griffiths, a raddiodd ym 1918. Ymysg y lleill y mae N. Stastry, F.W. Rudland, Fred Stastry, K.W. Held, I. Strastry, a G. Skinner.

57. Gyda chyfeillion ar y prom.

Yn Aberystwyth, fe ymddengys, y tynnwyd y llun hwn. Mae D.J., y cyntaf o'r dde, wedi ymwisgo, efallai, ar gyfer marchogaeth.

58. Marw ei Rieni.

Bu farw mam D.J., Sarah Williams, yn Rhagfyr 1916, yn bedair a thrigain mlwydd oed, pan oedd ef yn un-ar-ddeg ar hugain. Ni fu ei dad, John Williams, fyw ond ychydig dros fis ar ôl hynny. Bu'r ddau farw o'r ffliw a ysgubodd y wlad yn ystod y Rhyfel Byd Cyntaf. Gweler *Hen Dŷ Ffarm*, 179.

58(ii)

SIAN WILLIAMS 1881 – 1965 ANNWYL BRIOD D.J. 1885 – 1970
AC YNTAU'N GORFFWYS GYDA HI AR HEN LÂN BEDD EI RIENI LYN Y SGOL HEDD

ER SERCHUS GOFFADWRIAETH AM
John Williams,
ABERNANT, PLWYF LLANSAWEL,
YR HWN A FU FARW DHWEFROR 11EG, 1917, YN 67 ML. OED.
HEFYD AM Sarah, EI BRIOD,
YR HON A FU FARW RHAGFYR 27AIN, 1916, YN 64 ML. OED.

60

61

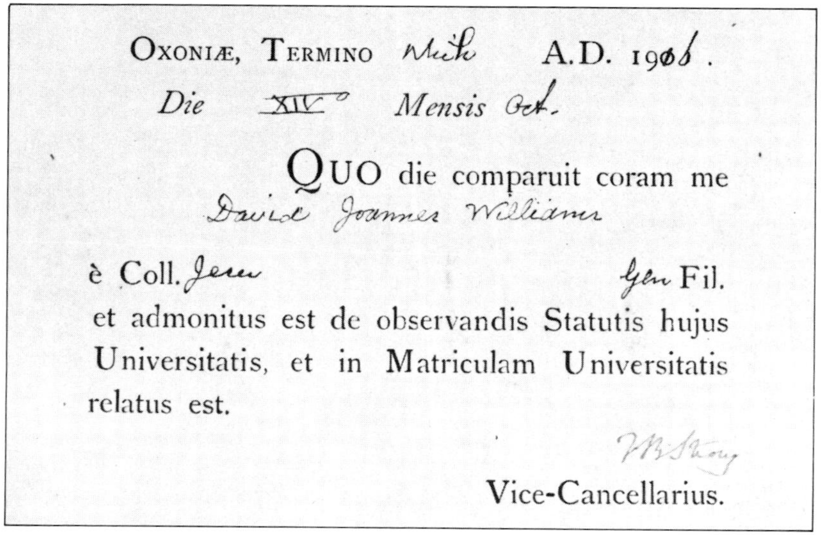

Oxoniæ, Termino *Mich* A.D. 1906.
Die XIV Mensis Oct.

QUO die comparuit coram me
David Joannes Williams

è Coll. *Jesu* *Gen* Fil.
et admonitus est de observandis Statutis hujus
Universitatis, et in Matriculam Universitatis
relatus est.

J.B. Strong
Vice-Cancellarius.

59. Bedd ei Rieni.

Yng nghladdfa Capel Rhydcymerau y mae eu bedd, bellach yn ymyl bedd
D.J. a Siân.

60. Cyfaill Oes.

Bu R.A. Thomas a D.J. yn gyfeillion yn nyddiau coleg yn Aberystwyth, ac
ar ôl hynny. Wedyn buont ill dau yn athrawon gyda'i gilydd yn Ysgol
Ramadeg Abergwaun, lle'r oedd R.A. Thomas yn athro daearyddiaeth.

61. Ei Dderbyn i Brifysgol Rhydychen.

Ar Hydref 14eg 1916 y derbyniwyd D.J. i Brifysgol Rhydychen.
Arwyddwyd y dystysgrif gan y Dirprwy-Ganghellor, J.B. Strong.

Roedd D.J. wedi ennill Ysgoloriaeth Meyricke i Goleg Iesu, a dywed Waldo
mai ei draethawd ar *The Nature of Literary Creation* a sicrhaodd y gamp hon
iddo. Yn Rhydychen bu'n dilyn darlithiau Walter Raleigh ar Lenyddiaeth
Saesneg a rhai Joseph Wright ar yr iaith: gweler *Y Gyfrol Deyrnged*, t. 18.

62

62. Dyddiau Rhydychen, 1917-18.
Yng Ngholeg Iesu y bu D.J., a'r
nodyn sy ganddo ar gefn y llun hwn
yw:

'Dr. William Rees o Eglwyswrw a
aeth wedyn yn offeiriad Pabaidd a
rhyw Indiad na chefais ei enw
mewn *punt* ar afon Chwerwel ger
Rhydychen haf 1917 neu '18.'

63.   Diwedd Ysgrif Enwog.
Yn nechrau 1918 anfonodd D.J.,
pan oedd yn Rhydychen, ysgrif i'r
Wawr, cylchgrawn Cymraeg Coleg
Aberystwyth a olygid gan Ambrose
Bebb. Teitl yr ysgrif oedd 'Ich Dien',
arwyddair Tywysog Cymru.
Sylwodd rhywun yn swyddfa'r
Montgomery Times, a oedd yn
argraffu'r cylchgrawn, ar yr hyn a
farnai yn natur fradwrus yr ysgrif, a
galwodd sylw at hyn yn gyhoeddus.
Gwaharddwyd y cylchgrawn gan
awdurdodau'r Coleg. Ni
chyhoeddwyd mo'r ysgrif hyd nes i
Hefin ap Llwyd ei hatgyfodi o blith
papurau D.J. a'i hargraffu yn *Llais y
Lli*, papur y coleg, ar Ionawr 12fed,
1971. Gweler fy sylwadau, 'Ysgrif a
Gladdodd Gylchgrawn' yn *Y
Traethodydd* 128 (1973), 114-17.

64

64.   Priodas D.J. a Siân.

Llun a dynnwyd wedi priodas D.J. a Siân ar Ragfyr 24ain, 1925. Merch
oedd hi i'r Parch. a Mrs Dan Evans, Hawen, a chwaer i Wil Ifan, y prifardd
toreithiog a swynol; chwaer hefyd i fam Mrs Gwenith Davies, o'r Betws,
Rhydaman. Cafodd Siân ei thaenellu gan Michael D. Jones. Yn Aberafan,
pan oedd ei thad yn weinidog yno, y cafodd ei haddysg. Cyn priodi bu'n
athrawes mewn ysgolion yn Nhredegar a Llanwrtyd, ac wedyn yn
brifathrawes yn Beulah ger Castellnewydd Emlyn. Ceir teyrnged gynnes
iddi yn Y *Gyfrol Deyrnged*, tt. 56-58, gan Cassie Davies, a fu'n gyfaill agos i'r
ddau.

65

66

65.   Y Parch. Dan Evans.

Sef tad Siân. Tynnwyd y llun hwn mewn llety yn Nhresaith.

66.   Priodas yn Rhydcymerau.

Yn y rhes flaen ar y chwith y mae D.J. a Siân. Priodwyd y ddau hyn ym 1925, felly rhaid bod y llun yn ddiweddarach na'r flwyddyn honno.

67

67.   Teithio'r Cyfandir.

Yn nhref brydferth Nürnberg yn yr Almaen cafodd D.J. hwyl gyda'i gyfeillion yn y bws a'u cyrchodd i weld gogoniannau'r dref. Gwelir D.J. yn syllu'n syn ar y ffigur comig ar wedd sgubwr simneiau sy'n eistedd ger blaen y bws. Credid bod ffigurau o'r fath yn dwyn lwc i'r cwmni.

68.   Cwmcoedifor.

D.J. yn swmpo'r moch yn fferm ei
gymydog.

69.   Rhyw Ddifyrrwch.

Mae rhyw ddifyrrwch ar waith
yma. Ond beth yw'r jocen? A phwy
yw pwy? Wel, D.J. sydd yn y canol,
yn gwisgo bathodyn pwysig fel ei
gyfaill sydd â chetyn yn ei geg.

68

69

70. Yr Athro Ifanc.

Bu D.J. yn athro Cymraeg dros dro yn Ysgol Lewis Pengam; am dri mis y bu yno, ond nid heb wneud argraff, oherwydd cynigiodd am swydd y prifathro yno a'i ddewis i fod ar y rhestr fer.

Yn Ionawr 1919 penodwyd ef yn athro Saesneg ac Addysg Corff yn Ysgol Ramadeg Abergwaun. Bu yno tan ei ymddeoliad yn Rhagfyr 1945, ac eithrio'r naw mis a dreuliodd yn Llwyni'r Wermod. Wedi dychwelyd oddi yno gwnaed ef yn athro Cymraeg yn yr un ysgol.

71. Ysgol Ramadeg Abergwaun.

Penodwyd D.J. yn athro Saesneg ac Ymarfer Corff yn yr ysgol hon ym 1919, ac arhosodd yn y swydd hyd 1936. Wedi ei garchariad yn y flwyddyn honno dychwelodd i'r ysgol ym 1937 fel athro Cymraeg, a pharhaodd yn y swydd tan iddo ymddeol ym 1945.

Heddiw mae'r Ysgol Ramadeg mewn adeilad mwy diweddar, a defnyddir yr adeilad gwreiddiol, a welir yma, fel Canolfan Ieuenctid.

72. Athrawon Ysgol Ramadeg Abergwaun.

O'r chwith:

y rhes gefn: R.A. Thomas, athro daearyddiaeth; D.J., athro Saesneg ac ymarfer corff.

y rhes flaen: J.J. Evans, athro Cymraeg; Miss G. Morgan, athrawes hanes (Mrs C.B. James wedi hynny); Owen Gledhill, prifathro, yn gallu dysgu pob pwnc ond Cymraeg; Miss Dulcie Evans, athrawes Lladin.

73

73. Oll yn eu Gynau Duon.

Nid felly Miss Breeze yng nghanol y rhes gefn; hi oedd yr athrawes goginio yn Ysgol Ramadeg Abergwaun. Mae dau arall hefyd yn hepgor eu gynau.

O'r chwith: Y rhes ôl: Mathew Jones (ffiseg); J.J. Evans (Cymraeg); Miss Breeze (coginio); R.A. Thomas (daearyddiaeth; a hefyd yn Is-brifathro); T. Skone (Ffrangeg). Y rhes flaen: Miss Sara Reynolds (mathemateg a gwersi cyffredinol; Mrs Thomas wedi hynny); Miss G. Morgan (hanes); Owen Gledhill (Prifathro); D.J. (Saesneg ac Ymarfer Corff); Miss Dulcie Evans (Lladin). Ymddengys mai eiddo'r Prifathro yw'r ci llewaidd gwarcheidiol.

74. Harbwr Abergwaun.

75. Capel Pentöwr, Abergwaun.

Bu D.J. yn aelod a blaenor ffyddlon yma a sonia Waldo Williams am 'ei ffyddlondeb, Sul a gwaith'. Ymysg y gweinidogion yr oedd y Parchedigion J.T. Job, Stanley G. Lewis, a Haydn John. Y gweinidog presennol yw'r Parch. William Owen. Clywais i'r eglwys wario pymtheng mil o bunnoedd yn ddiweddar i adnewyddu'r adeilad. Tynnwyd y llun ar Fedi 22ain, 1982.

74

75

76

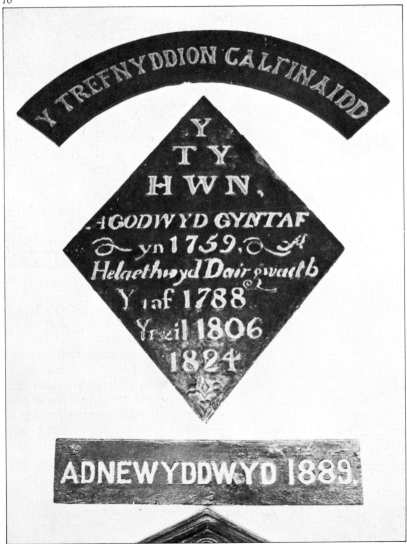

77

76.   Cip ar hanes cynnar Capel Pentöwr.

77.   Capel Pentöwr: Y Pwlpud a'r Organ a'r Sedd Fawr.

Gwnaed D.J. yn flaenor ym 1954. Dywed Waldo Williams am hyn:

'Rhoddodd yr eglwys ef ymlaen i fod yn flaenor yn 1929 ond fe'i gwrthodwyd gan y Cwrdd Misol yn gostog am fod yn rhaid i flaenoriaid fod yn llwyr-ymwrthodwyr y pryd hynny. Ymhen chwarter canrif o wasanaeth pellach derbyniodd y Cwrdd Misol ef fel blaenor ym Mrynhenllan yn 1954 heb ofyn y cwestiwn hwnnw. Ni bu cymaint safiad erioed dros gyn lleied o gynnwys os edrychwn ar yr hylif yn unig.'
(Y Gyfrol Deyrnged, 21-22.)

78. Cartref D.J. a Siân yn Abergwaun.

Yn 49 High Street y cartrefai D.J. a Siân yn Abergwaun. Bu'r tŷ unwaith yn dafarn – y *Bristol Trader*. Cafodd llawer groeso brwd yno; ac fel y dywed Cassie Davies, roedd cyfraniad Siân yn bwysig:

'Fel y gwn i'n dda o'm profiad personol ar aelwyd y *Bristol Trader* yn Abergwaun, fe fyddai ei chyfraniad hi yn y mynych seiadau yno bob amser yn ddawnus, yn ddifyr ac yn hynod graff.'

(*Y Gyfrol Deyrnged*, 57.)

Cefais innau'r fraint o dreulio noson yno ym 1947, ar ôl annerch cangen o U.C.A.C. yn y dref. Newydd symud o'r Bala i Abertawe yr oeddwn, ond anodd oedd gwrthod gwahoddiad mor arbennig – D.J. oedd yr Ysgrifennydd. Adnewyddwyd y tŷ yn ddiweddar, a'i enw heddiw (Medi 22ain, 1982) yw *The Old Pump-House*.

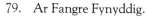

79. Ar Fangre Fynyddig.

Gyda D.J. ar fangre fynyddig y mae Wil Ifan, ar y chwith, a J.J. Evans ar y dde.

Roedd Wil Ifan yn frawd i Siân; a bu J.J. Evans am flynyddoedd yn athro gyda D.J. yn Ysgol Ramadeg Abergwaun. Yn ddiweddarach bu'n brifathro Ysgol Ramadeg Tyddewi, a'i waith mwyaf adnabyddus yw ei lyfr *Gramadeg Cymraeg* (Aberystwyth, 1946).

80

81

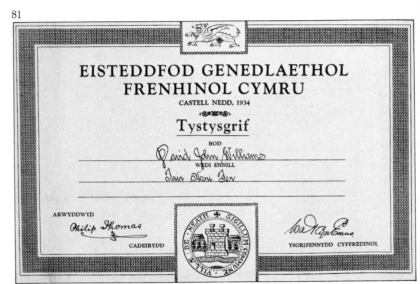

80. Eisteddfod Aberafan, 1932.
O'r chwith: Elsie Jones, Tomas O'Cleirigh, D.J., Maurice Williams.

81. Gwobr am Dair Stori Fer.

Enillodd D.J. y wobr gyntaf am Dair Stori Fer yn Eisteddfod Genedlaethol Cymru yng Nghastell Nedd, 1934. Y beirniad oedd J. Seymour Rees. Ymysg y storïau hyn yr oedd 'Blewyn o Ddybaco'.

Enillodd wobr debyg yn Eisteddfod Caernarfon ym 1935 o dan feirniadaeth Kate Roberts. Ymysg y storïau hynny yr oedd 'Blwyddyn Lwyddiannus'.

82. 'Blwyddyn Lwyddiannus'.

Rhan o lawysgrif wreiddiol yr enwocaf, o bosibl, o storïau byrion D.J. Enillodd wobr (gyda dwy stori arall o'i eiddo) o dan feirniadaeth Kate Roberts yn Eisteddfod Genedlaethol Caernarfon ym 1935 a chyhoeddwyd hi yn *Storïau'r Tir Glas* (1936). Gweler sylwadau D.J. yn *Crefft y Stori Fer*, gol. Saunders Lewis (1949), 28. Dywed Pennar Davies:

'Nid oes dim yn ein llenyddiaeth sydd yn rhagori ar y stori hon o ran awgrym a chyffyrddiad yn y grefft a direidi ac anwyldeb yn yr effaith gyffredinol.'

(*Y Gyfrol Deyrnged*, 73.)

82

83.   Achos yr Ysgol Fomio.

Ar ddiwedd mis Mai 1935 cyhoeddwyd cynllun y Weinyddiaeth Awyr i adeiladu gwersyll milwrol a maes awyr yn Llŷn, Sir Gaernarfon. Bu gwrthdystio lleol ar unwaith ac am flwyddyn a mwy bu llu o gymdeithasau ac eglwysi drwy Gymru yn cefnogi'r brotest a arweiniwyd gan Blaid Cymru. Ond methiant fu pob apêl. Ceir yr hanes yn llyfr Dafydd Jenkins, *Tân yn Llŷn* (Llandysul, 1937, ail argr.1975).

Ar 8 Medi 1936 cyhuddwyd D.J. gyda'r Parch. Lewis Valetine a Saunders Lewis o flaen Llys Ynadon Pwllheli o niweidio eiddo yn perthyn i Ysgol Fomio'r Llu Awyr ym Mhenyberth, lle cafodd coed a chabanau pren eu llosgi. Bu gwrandawiad arall ym Mhwllheli ar Fedi'r 16eg, ac yna ym Mrawdlys Caernarfon ar 13 Hydref. Yno methodd y rheithwyr gytuno ar ddyfarniad. Symudwyd yr achos i Lundain, ac ar Ionawr 19eg 1937 dedfrydodd y Barnwr y tri i naw mis o garchar yn yr ail ddosbarth.

Dyma lun o'r tri a dynnwyd ychydig cyn yr ail wrandawiad ym Mhwllheli. O'r chwith: D.J., Lewis Valentine, Saunders Lewis.

83

84

84. Ar y Ffordd i'r Llys.

Saunders Lewis, Lewis Valentine, D.J., a'r cyfreithiwr (E.V. Stanley Jones) yn mynd i'r llys yng Nghaernarfon, Hydref 13eg, 1936.

Ceir manylion pellach am yr achos yn llyfr J.E. Jones, *Tros Gymru* (Abertawe, 1970), Pennod 18.

85. Neges S.L. i D.J.

Yn ystod Brawdlys Caernarfon ar Hydref 13eg, 1936, rhoddodd Saunders Lewis neges ysgrifenedig i D.J. Dyma gopi ohoni gyda nodiadau D.J. sy'n cyfeirio hefyd at y siarad a fu rhyngddynt yn awr y gohirio.

86. Lluniau o'r Tri.

a gyhoeddwyd yn Y *Cymro*: S.L., D.J., ac L.V.

87. Wedi'r Prawf yng Nghaernarfon.

Mr Saunders Lewis, Mrs Lewis, Mrs Valentine, a'r Parch. L.E. Valentine yng Nghaernarfon ddydd Mercher wedi'r prawf. O'r *Cymro*, 17 Hydref 1936.

86

88.   Carchar Llwyni'r Wermod.

Mae'r llun hwn (1937) yn dangos awyrblaniau yn hedfan uwch y carchar – sumbol addas mewn perthynas i garchariad y Tri Chymro. Y Parch. Lewis Valentine a sgrifennodd fwyaf am brofiadau'r carchar. Roedd ganddo ddarlith fythgofiadwy ar y thema, a chyfres wych o ysgrifau yn *Y Ddraig Goch* – 'Beddau'r Byw'. Ni thrafododd D.J. y pwnc yn fanwl, ond cyflwynodd *Detholiad o Storïau'r Tir* (Llandysul, 1966, ail argr. 1980) i goffadwriaeth T.J. Hopkins, warden a swyddog yn y carchar. Brodor o'r Porth, Rhondda, ydoedd, a Bedyddiwr; ac 'o natur lawn o garedigrwydd.' Dywed D.J. (t. 11) iddo fod yn ŵr diwylliedig ac yn gerddor da, ac iddo fynnu siarad Cymraeg â phawb yn y carchar a fedrai'r iaith.

Mae geiriau D.J. yn profi iddo osgoi pob chwerwedd yn y profiad hwn er cased rhai agweddau arno. Gellir dweud amdano, fel y canwyd am Valentine:

Er yfed ohono'r wermod
Gwena – nid oedd ond gwin.

A diau bod hynny'n wir hefyd am Saunders Lewis.

88

87

89

90

89.   Y Cyfarfod Croeso Wedi'r Carchar.

Y Parch. Lewis Valentine yn annerch y dyrfa ym Mhafiliwn Caernarfon ar Nos Sadwrn, Medi 11, 1937. Y tu ôl i Lewis Valentine y mae'n eistedd, o'r chwith i'r dde, Saunders Lewis, Yr Athro J.E. Daniel (Cadeirydd), a D.J.

Roedd tua 12,000 yn bresennol, ac argraffwyd rhaglen yn y ffurf o bamffledyn 24 tudalen, sef *Coelcerth Rhyddid*, yn cynnwys lluniau a hanes y tri, ac ysgrifau ganddynt; hefyd trosiad R.E. Jones o ddarn gan Thomas Davis: *Ni ddaeth dy ddydd i ben, fy ngwlad*. Gweler, am fanylion pellach, J.E. Jones, *Tros Gymru* (Abertawe, 1970), 186-7.

90.   Digriflun o D.J.

Gwaith yr artist R.Ll. Huws, Sir Fôn. Cyhoeddwyd hwn gyntaf yn *Heddiw*, Mai, 1937.

91. Uwch Harbwr Abergwaun.

D.J. a Siân yn hebrwng cyfeillion uwch harbwr Abergwaun.

92. Y Parch. Islwyn Lake.

Un o hoff ddisgyblion D.J. yn Ysgol Ramadeg Abergwaun oedd Morgan Islwyn Lake. Yn ystod yr Ail Ryfel Byd y bu ef yn yr ysgol, a cheir ganddo bortread o D.J. fel athro yn Y *Traethodydd* 125 (1970), 143-148. Hoff ddisgybl arall oedd Dafydd J. Bowen: gweler Rhif 136.

Sonia'r Parch. Islwyn Lake am ofal diwyd D.J.:

'Yn sicr fe gofiwn ni, ei hen ddisgyblion, yn dda am y llwythi llyfrau a gludai'n rheolaidd i'r *Bristol Trader* ac am y marcio hynod o ofalus a fyddai arnynt. Nid digon ganddo ef oedd cywiro pob gwall a lithrodd i'r tudalen. Rhaid oedd ychwanegu sylwadau yn ôl naws y gwaith dan sylw; canmoliaeth lle'r oedd hynny'n ddyledus a cherydd miniog lle bynnag y ceid arwyddion o ddiffyg cydwybod. Rhoddodd yr arferiad hwn fod i gystadleuaeth go anarferol ymhlith rhai ohonom ni yn y pedwerydd dosbarth am y bregeth luosocaf ei geiriau o ysgrifbin 'Bil' fel y'i gelwid.'

(Y *Traethodydd* 1970, 143.)

Bu'r Parch. Islwyn Lake yn weinidog gyda'r Annibynwyr yn Bethania, Treorci, Rhondda; Carmel, Tanygrisiau a Bethania, Manod; Bethlehem Cadle, Fforest-fach; ac ar hyn o bryd mae'n weinidog ym Machynlleth, yn gofalu am eglwysi'r Graig, Machynlleth; Llanwrin, Penegoes ac Aberhosan. Derbyniodd lawer o lythyrau gan D.J.; ac yn y llun, a dynnwyd yn Fforest-fach, gwelir ef yn trafod rhai o lythyrau D.J. gyda Golygydd y gyfrol hon.

91

92

93.   Gwersyll y Coedwyr, 1940.

Yn Half Way, ger Llanddyfri, ar Sul olaf 1940, cyn i rai ohonynt gychwyn ar daith i Bantycelyn.

O'r chwith, heb gyfrif rheng flaen ac ôl:

(1)   Brynmor Thomas (heddiw Tiwtor Uwch yn Adran Efrydiau Allanol Coleg Prifysgol Cymru, Aberystwyth).

(2)   Emrys Jarman (brawd yr Athro A.O.H. Jarman, a thad Geraint; mae'n gweithio heddiw dros Gwmni Julian Hodge yng Nghaerdydd).

(3)   Trefor Pierce (o Newton Le Willows)

(4)   Dr J.R. Jones (ar y pryd darlithydd yng Ngholeg Aberystwyth).

(5)   D.J.

(6)   Ifan P. Davies (mab Anna Percy Davies, chwaer i Wil Ifan a Siân).

(7)   Brinley Richards (unig fab y Parch. Glyndwr Richards, Caerfyrddin, Prifathro Ysgol yr Hen Goleg yno).

(8)   Jack Hughes (o Lerpwl; heddiw Organydd Eglwys Ebeneser, Caerdydd).

(9)   Dyfnallt Morgan (heddiw Tiwtor Uwch yn Adran Efrydiau Allanol Coleg y Brifysgol, Bangor).

(10)   Wyn Jones (mab y Parch. Edwin Jones, gweinidog gyda'r Annibynwyr yn Blaen-y-Coed ar y pryd).

Dywed Dyfnallt Morgan wrthyf i'r unedau coedwigo yng Nghaeo a'r Half Way gael eu sefydlu gan Gwynfor Evans o dan gyfundrefn Unedau Coedwigaeth a Thir yr Heddychwyr Cristnogol a drefnwyd gan y Parch. Henry Carter yn Lloegr.

Yn y llun hwn gwelir Tŷ Uchaf, ger priffordd Llanddyfri-Aberhonddu. Roedd D.J. a J.R. Jones wedi dod i fwrw'r Sul gyda'r gwersyllwyr. Eraill a fu'n gweithio yno oedd W. Leslie Richards, Llandeilo, Eurof Martin, Abergwaun, Huw Ethall ac Emyr Currie Jones (Caerdydd yn awr).

Tynnwyd y llun hwn gan Eurof Martin.

94.   Gwrthodiad.

Gwrthododd y B.B.C. ddarlledu stori fer D.J. 'Colbo Jones yn Ymuno â'r Fyddin'. Roedd anhawster yn hyd y stori, ond mae'r llythyr hwn gan T. Rowland Hughes yn cam-ddisgrifio natur y stori yn ddybryd. Hen-ffasiwn ac arwynebol yw'r sôn am 'bropaganda' – a hynny ar adeg pan oedd 'gwasanaeth' y B.B.C. yn un foddfa o bropaganda rhyfelgar, fel y cofiaf yn dda. Mae gan Yr Athro Bobi Jones ymdriniaeth olau ('Y Llenor Ymrwymedig') yn Y *Gyfrol Deyrnged*, tt. 138-146. Mae elfen o hunan-bortread dwys, fel y dywed ef, yn y stori ardderchog hon.

Methodd Thomas Parry yntau gyhoeddi'r stori yn *Cofion Cymru*, a hynny oherwydd ei hyd. Ond mewn llythyr at D.J. (14 Medi 1941) dywed, 'mwynheais ei darllen yn fawr iawn'.

Annwyl D.J.,

        Diolch i chwi am weld y stori, "Colbo Jones yn Ymuno â'r Fyddin".   Fel yr awgrymwch yn eich llythyr, y mae hi lawer yn rhy hir i'n pwrpas ni (13½ munud yw'r amser sydd gennym ar gyfer stori).

        Ni ellid, mi ofnaf, ddod dros anhawster yr hyd heb ddifetha gwead y stori.   Ar gwestiwn y 'propaganda', fy marn i yw fod stori a luniwyd i gyfleu neges mor amlwg yn stori heb ynddi gryfder na chynhesrwydd arddull D.J.W. Hynny yw, aethoch ati i ddadlau pwnc yn lle i ddweud stori. Imi gael troi yn dipyn o feirniad llenyddol, ni luniwyd stori wirioneddol dda wrth geisio dadlau na phrofi dim.

        Oherwydd prinder yr amser at ein galwad, y mae gennyf nifer mawr o storïau mewn llaw ers rhai misoedd. Ond os daw stori arall i'ch meddwl cyn bo hir, byddaf yn falch o'r cyfle i'w darllen.

            Gyda chofion caredig,
                Yn gywir iawn,

                T. Rowland H.

            Adran Dramau a Rhaglenni Arbennig,
                Cymru

D.J.Williams Ysw.,
49 High Street,
Abergwaun.

95

96. Ar lan bedd Emrys ap Iwan.

Yn Ysgol Haf Plaid Cymru yn Ninbych, 1947, trefnwyd taith i fedd Emrys ap Iwan. Tynnwyd y llun hwn ar Awst 3ydd, a gwelir D.J. yn sefyll gyda D. Myrddin Lloyd gyda Gwilym R. Jones a J.E. Jones y tu ôl iddynt. Hefyd yn y llun y mae Dr Kate Roberts, R.E. Jones, Lisa Rowlands, Y Parch. R. Bryn Williams, Eluned Ellis Williams ac Elisabeth Watkin Jones.

95. Yn Ysgol Haf Plaid Cymru, Y Fenni, 1946.

Saif D.J. yn y bedwaredd res ar y chwith, yn ymyl D. Myrddin Lloyd ac A.O.H. Jarman.

96

97. Llenor Edmygus.

Rhoes yr Athro Dafydd Jenkins, Litt.D., o Adran y Gyfraith, Coleg Prifysgol Cymru, Aberystwyth, gryn sylw i weithiau D.J., a hwnnw'n sylw pur edmygus. Cyhoeddodd ysgrif werthfawr arno yn *Gwŷr Llên*, gol. Aneirin Talfan Davies (Llundain, 1948), tt. 229-40; hefyd yn *Y Genhinen* 6 (1955-6), tt. 7-12. Ym 1973 rhoes i ni ei gyfrol wych *D.J. Williams* (Writers of Wales, Gwasg Prifysgol Cymru). Cyhoeddodd hefyd gyfieithiadau Saesneg o amryw o'r storïau. Ef yn ogystal yw awdur *Tân yn Llŷn* (Aberystwyth, 1937) sy'n rhoi hanes brwydr yr Ysgol Fomio.

98. D.J. y Darlithydd Prysur.

Llythyr o ddiolch i Mr Delwyn Phillips Birmingham (yn awr o Aberystwyth) ar ôl bod yn darlithio i Gymdeithas Cymry Cymraeg Birmingham a fyddai'n cyfarfod dan nawdd Adran Efrydiau Allanol Prifysgol Birmingham. Sonnir tua'r diwedd am ddarlith arall – i Aelwydydd Urdd Gobaith Cymru ym Myrddin, Aberteifi a Phenfro ar y testun 'Cyfraniad Caerfyrddin i Ddiwylliant Cymru'.

Sylwer iddo sgrifennu ar bapur yr ymgyrch Senedd i Gymru o fewn Pum Mlynedd. Arweiniodd yr ymgyrch hon at fudiad Deiseb Senedd i Gymru, a drefnwyd gan Elwyn Roberts. Bu amryw bleidiau yn ymuno yn y mudiad hwn. Cafodd y Ddeiseb ei harwyddo gan 240,000 a'i chyflwyno ym 1955. Gweithiodd D.J. yn galed drosti.

98

"Senedd i Gymru o fewn Pum Mlynedd"
"A Parliament for Wales within Five Years"

SWYDDOGION PLAID CYMRU

Llywydd:
GWYNFOR EVANS
Llangadog

Trysorydd:
ELWYN ROBERTS
Bae Colwyn

Is-Lywydd:
O. M. ROBERTS
Llandudno

Trefnydd Ariannol
DAN THOMAS
Llangollen

Ysgrifennydd a Threfnydd
J. E. JONES
Swyddfa Plaid Cymru
8 Queen Street, Caerdydd
Teleffon 8008

99

99. D.J. yn Ysgol Haf Plaid
Cymru, Casnewydd, 1950.

O'r chwith i'r dde: J.E. Jones,
Gwynfor Evans, O.M. Roberts;
Wynne Samuel, J. Gwyn Griffiths,
D.J., Dan Thomas.

100. Aelodau Ysgol Haf Plaid
Cymru, Casnewydd, 1950.

Mae D.J. yn eistedd yn y rhes flaen
rhwng J.E. Jones a J. Gwyn
Griffiths.

100

101

101. 'Cofion Fflamgochion Gant'.

Arwyddir y llun hwn, 'Cofion fflamgochion gan – Parri Bach'. (1950) A pha ryfedd? Y gwrthrych yw'r diweddar Barch. R. Parri Roberts, Mynachlog-ddu, gweinidog athrylithgar gyda'r Bedyddwyr, cymeriad tra gwreiddiol a ffraeth, a Chenedlaetholwr pybyr. Gallwn feddwl bod cymeriad o'r fath wedi tynnu D.J. ato â chwlwm tyn iawn.

102. Mwynhau Cwmni.

Waldo Williams a D.J. yn mwynhau cwmni rhai o ferched hardd a brwd Plaid Cymru mewn Ysgol Haf. Enid Jones-Davies sy'n sefyll rhwng Waldo a D.J. Tynnwyd y llun a'i anfon at D.J. gan Besi Thomas, Bryn-y-Wawr, Rhondda Terrace, Ferndale.

102

103(i)

Mrs Richards
"Bryn Hyfryd,"
Wallis,
Fishguard
Pembs.

4 9 High Street,
Abergwaun.
20/4/50.

Annwyl Delwyn:

mae gennyf neges braidd yn od atoch, os byddwch mor garedig â'm helpu i a'ngwraig.

Mae yma wraig yn Abergwaun yma, ffrind mawr i'ngwraig i – Mrs. Richards, Brynhyfryd, Wallis, Fishguard – yr hoffem ni ei dan ei helpu'n ddistaw bach. Nid yw hi'n dda ei byd ar hyn o bryd, a gwydorlon o'i gorau na fynnai hi help gan neb o'i bodd. Y ffordd orau y gwelwn ni y gallwn ei helpu yw anfon rhyw swm bach mewn ...

103(ii)

yn dohenw o rywle pell. A dyna lle y dewch chi fel dyn busnes. Y gallwn ni ei doystio yn handi.

Rwy'n amgau yma siec am ddeg punt (£10) i chi. A pyddoch chi mor garedig â newid y siec hwn i'ch cyfrifon chi eich hunan, ac yna roi deg papur punt mewn registered letter, heb air yddolo ~~a gwela ei cyfeirio fol.~~ i'r adres ar yr ochr arall – Mrs Richards ... Amgaeaf hefyd 5d. ar gyfer y llythyr wedi ei registro.

Drwy gennyf eich poeni ar fater bach fel hwn; ond fe bydden ni'n dan'n ddiolchgar iawn i chi am eich help gwestfawr.

Cefais air oddi wrth y cyfaill hwff, Oscar, ... mae'n dda i ...

D.J. Williams

104

106

103. Y Cymwynaswr.

Gwnaeth D.J. lu o gymwynasau dirgel i bobl y gwyddai amdanynt fod 'yr esgid fach yn gwasgu'. Iawn yw datgelu ambell enghraifft bellach. Dyma lythyr a sgrifennodd at Delwyn Phillips, Birmingham, i drefnu cymorth i wraig yn Abergwaun.

104. D.J. yn Ysgol Haf Plaid Cymru, Abergele, 1951.

Mae ef yng nghanol y bedwaredd res ar y dde. Yn nesaf ato, ar ei law chwith ef, y mae Stanley Richards, Abergwaun.

105. Un o Ysgolion Haf Plaid Cymru.

Mae D.J. yn yr ail res ar y dde, y tu ôl i'r Parch. Alun Rhys, ac yn ymyl Mr Reg. Walters. Mae J.E. Jones yn annerch y cynulliad, ac yn eistedd ar y dde iddo y mae Gwynfor Evans, R.E. Holland, a Dan Thomas.

106. Y Parch. H.T. Jacob, Abergwaun.

Gweinidog gyda'r Annibynwyr a phregethwr enwog a ffraeth. Bu ef a D.J. yn ben cyfeillion.

105

107

107. Yn Abergele, 1951.

Gyda'r Parch. Lewis Valentine. Nodyn D.J. ar gefn y llun: 'Val a finnau yn Ysgol Haf Plaid Cymru yn Abergele ddechrau Awst 1951.'

108. O Flaen Theatr Garthewin.

Yn sefyll yn y cefn, o'r chwith: R.O.F. Wynne a'i briod, D.J., Mrs Olwen (J.E.) Jones; mae J.E. Jones yn eistedd yn y canol.

109. 'Dau Arwr eu Cenedl'.

Saunders Lewis a D.J. yn Llanrwst, 1951. Anfonwyd y llun at D.J. gan Gwenfair (Simon) gyda'r cyfarchiad uchod.

110. Selogion y Pethe.

D.J. a'r Dr Gwenan Jones a dau eraill o selogion y Pethe.

109

111. Herio'r Swyddfa Ryfel.

Ym 1951 cyhoeddodd y Swyddfa Ryfel eu bwriad i feddiannu pum mil o erwau ychwanegol ger Trawsfynydd. Trefnwyd ymgyrch gan Blaid Cymru i wrthwynebu hyn, ac yma gwelir aelodau yn rhwystro trafnidiaeth yn y gwersyll.

Y rhes flaen, o'r chwith, yw Glyn James, Delwyn Phillips, Dan Thomas, Gwynfor Evans, D.J., y Parch. Dewi Thomas, Waldo Williams, Llwyd o'r Bryn, Tegwel Roberts.

A dyma weithred a lwyddodd – tynnwyd y cynllun yn ôl.

108

110

111

112

112. Y Gweithiwr Hapus.

Yn yr ardd yn Abergwaun gyda Siân. D.J. wedi cyflawni, y mae'n amlwg, ryw gamp lafurfawr yno, a Siân yn edrych arno'n hanner edmygus.

113. Giuseppe Mazzini (1805-1872).

Ym 1954 y cyhoeddwyd llyfr D.J. *Mazzini: Cenedlaetholwr, Gweledydd, Gwleidydd* (Caerdydd, Plaid Cymru), Bu'r arweinydd mawr hwn yn ymgyrchu i uno'r Eidal o dan lywodraeth weriniaethol. Yr hyn ynddo a apeliai fwyaf at D.J. oedd ei bwyslais ar yr elfen foesol mewn cenedlaetholdeb, a hynny am fod yr ymdeimlad cenedlaethol, o'i gyfeirio'n iawn, yn arwain at wasanaeth dihunan i'r genedl ac i'r ddynoliaeth. Roedd arwriaeth bersonol Mazzini hefyd yn apelio at D.J.: daliodd ati'n ddyfal er mynych ofid a siom.

113

114.   Myfyrio ar Mazzini.
Yn y llythyr hwn at Delwyn Phillips, Birmingham, mae D.J. yn cyfeirio at lyfr y Parch. Gwilym O. Griffith, Birmingham, ar yr un testun, sef *Mazzini: Prophet of Modern Europe* (Llundain, 1932). Mae'r llythyr yn sôn am y trafod a fu rhwng Griffith a Delwyn Phillips. Yn ôl y Bonwr Phillips nid oedd gan Griffith fawr o archwaeth at genedlaetholdeb; newidiodd ei safbwynt, o bosibl er yr adeg pryd y sgrifennodd y llyfryn *The New Wales: Some Aspects of national idealism, with a plea for Welsh home rule.* Introduction by E.T. John. Lerpwl, 1913.

115.   Arafu ym 1955.
Dyn cryf ac iach gan mwyaf fu D.J., ond ym 1955 cafodd bwl o ddolur calon. Dywedodd wrthyf ei fod yn amau nad straen wrth or-ymarfer ei ddisgyblaeth gorfforol a barodd y diffyg.

Erbyn hyn yr oedd yn ddeg a thrigain, ac mewn llythyr ataf (Hydref 2ail, 1955) dywedodd i Siân fod yn sâl hefyd. Anarferol yn wir yw 'cân Jeremeiaidd' y llythyr hwn, sy'n gorffen gyda 'hen gwpled Tudur Aled 400 ml. yn ôl:

*Bychan yw'r byd heb iechyd
Er ei gael yn aur i gyd.'*

Y 'Stanley' a enwir ar y diwedd yw Stanley Richards, brodor o Abergwaun a oedd yn byw bellach yn Abertawe.

Mae D.J. yma'n gofidio am na allodd gychwyn ar y llyfr a oedd i ddilyn *Hen Dŷ Ffarm.* Mae'n amlwg, er hynny, iddo fynnu rheoli'r anhwylder a ddaeth arno. Bu fyw am bymtheng mlynedd arall a llwyddo i orffen yn rymus y gyfrol wych *Yn Chwech ar Hugain Oed* (1959).

114

115

116

116. Darbwyllo Waldo.

Mewn llythyr ataf (Mawrth 3ydd, 1956) dywed D.J.

'Da iawn, iawn gennyf i chi ddarbwyllo Waldo o'r diwedd, mi gredaf, i gyhoeddi ei waith, peth y methais i'n lân â'i wneud drwy'r blynyddoedd. Ond ni fyn, medd ef, anfon ei waith i gystadleuaeth farddonol y Cyngor Celf Prydeinig. Dyna golli canpunt iddo ar un ergyd. Ond beth yw arian i Waldo ond llwch materoliaeth y cyfnod.
Gwerthu braint ai haint yw hi? –
Am y cochgawl mae cachgi meddai ef yma neithiwr am y Cymry mawr a ofnai godi bys i hyrwyddo'r Ddeiseb.'

Cyn diwedd y flwyddyn honno cyhoeddwyd *Dail Pren* Waldo, ond nid cyn imi weithredu ychydig yn dreisgar. Daliai Waldo i oedi, a chyflwynais gasgliad o'i waith i Wasg Gomer. Ar ôl gweld y proflenni, mynnodd Waldo o'r diwedd weithredu ei hun; gwnaeth nifer o gyfnewidiadau ac ychwanegiadau. Gweler fy sylwadau yn Y *Genhinen* 1971, 108-113 = Robert Rhys, *Waldo Williams*, Cyfres y Meistri, 190-121; hefyd B.G. Owens, ibid. 202-229.

Yn y Rhagair i *Dail Pren* mae Waldo yn diolch i D.J. am gasglu ei 'Lawysgrifau'. Awgrym a wnaeth Yr Athro J.E. Caerwyn Williams oedd cystadlu gyda'r Cyngor Celf.

117. Gyda Pherthynasau.

Siân a D.J. gyda pherthynasau ym mis Awst 1956.

117

118

119

Ar Orffennaf 19eg 1957 rhoddwyd i D.J. radd D.Litt. (Doethur mewn Llên) Prifysgol Cymru er anrhydedd, a hynny ar sail ei gyfraniad i lenyddiaeth Gymraeg. Cyflwynwyd ef gan Yr Athro Griffith John Williams. Dyma gopi o'r dystysgrif.

119. Cyflwyno'r Doethur. Mae'r Athro Griffith John Williams yn cyflwyno D.J. fel 'y rhadlonaf a'r hoffusaf o'n llenorion.' Sonia amdano hefyd fel 'un o'r meistri ar gelfyddyd y stori fer' a dywed iddo wneud 'ardal ddi-nod Rhydcymerau yn un o'r ardaloedd mwyaf nodedig yn hanes ein llenyddiaeth' drwy greu gweithiau llenyddol sy bellach 'ymhlith ein clasuron'. Cyferchir ef fel llenor mawr a hefyd fel Cymro mawr; iddo ef, meddir, bu'r gwaith o gadw'r hen etifeddiaeth yn y cyfnod argyfyngus hwn yn 'rhywbeth anhraethol bwysicach na'i yrfa ef ei hun'.

Yr Athro G. J. Williams, M.A., yn cyflwyno MR. DAVID JOHN WILLIAMS i dderbyn gradd Doethur mewn Llên.

ANRHYDEDDUS IS-GANGHELLOR

BRAINT fawr i mi yw cael cyflwyno i chwi Mr. David John Williams, un o lenorion mwyaf ein cyfnod ni. Y mae'r Brifysgol heddiw yn anrhydeddu gŵr a etifeddodd ddawn hen gyfarwyddiaid ei gynefin yn y Cantref Mawr, gŵr a ŵyr, megis y gwyddent hwythau, sut i ddiddanu cymdeithas. Gwelsom ni, ei gyfoeswyr yng Ngholeg Aberystwyth, fod y Cantref Mawr wedi cynhyrchu yn yr ugeinfed ganrif gyfarwydd dihefelydd, gŵr a allai ddiddanu cylch mawr o gyfeillion. Ef oedd Gwydion Coleg Aberystwyth, 'gorau cyfarwydd yn y byd'. Wedi hynny, tyfodd yn un o'r meistri ar gelfyddyd y stori fer. Y mae *Storïau'r Tir Glas*, *Storïau'r Tir Coch*, a *Storïau'r Tir Du*, wedi ennill eu lle ymhlith ein clasuron. Yn y storïau hyn, ac yn arbennig yn *Hen Wynebau* ac yn y campwaith hwnnw, *Hen Dŷ Ffarm*, rhoes inni bortread diangof o'r hen gymdeithas wledig a gwyddai amdani yng nghyfnod ei ieuenctid, a'i gweld, megis nas gwelwyd o'r blaen, fel cymdeithas a etifeddasai'r rhadlonrwydd a'r syberwyd a'r llawenydd a fuasai erioed yn nodweddu gwŷr y Cantref Mawr, cymdeithas yr oedd ei hynafiaid ef ei hun yn aelodau ohoni. Deallodd gyfrinach y bywyd hwn, a gwnaeth ardal ddi-nod Rhydcymerau yn un o'r ardaloedd mwyaf nodedig yn hanes ein llenyddiaeth. Daeth llawer o'r 'Hen Wynebau' yn ffigurau cenedlaethol, ac yr ydym oll yn eu gweld trwy lygaid y gweledydd hwn. Ni ddylem, wrth ei anrhydeddu, anghofio ei hynafiaid, a Nwncwl Jâms, Nwncwl Josi, Dafydd'r Efail-fach, John Trôdrhiw, a Dafydd Ifans a Siop—y mae holl hen drigolion Rhydcymerau yma heddiw, hyd yn oed y ceffylau a'r cŵn. Rhoes y gymdeithas hon yn etifeddiaeth i genedlaethau'r dyfodol, fel y gallo'r rheini ymdeimlo â rhin yr hen Gymru uniaith. A holl olud tafodiaith y Cantref Mawr yn gloywi pob ysgrif a phob stori! Yr hen fywyd gwâr hwn a'i gwnaeth yn llenor, ac nid hynny yn unig, ond hefyd yn Gymro mawr, oherwydd y weledigaeth a gawsai yn ei ieuenctid a fu'n ei yrru i weithio'n barhaus i hyrwyddo pob mudiad a geisiai ddiogelu'r glendid a fu. Dyma'r nwyd sy'n egluro ei holl weithgarwch—iddo ef, y mae'r gwaith o gadw'r hen etifeddiaeth yn y cyfnod argyfyngus hwn yn rhywbeth anhraethol bwysicach na'i yrfa ef ei hun. Gŵyr pob Cymro am hyn, a dyna paham y mae cenedl yn ei garu. A dyna paham y mae Prifysgol y genedl honno heddiw yn llawenhau wrth dderbyn Dafydd John Williams, y rhadlonaf a'r hoffusaf o'n llenorion, i blith ei Doethuriaid.

120

120A. Gwledd yn y Festri.

Ymddengys mai gwledd yn Festri Pentöwr sydd ar waith yma, a D.J. yn disgleirio fel Prif Goginydd.

121. Gyda Theulu Cwmcoedifor.

Parhaodd y cyfeillgarwch rhwng D.J. a theulu Cwmcoedifor, Rhydcymerau. Ym mis Hydref 1958 y tynnwyd y llun hwn, a dyma nodyn D.J. ar y cefn: 'Teulu Cwmcoedifor a ninnau yn yr ardd hon (sef yn Abergwaun) ar ymweliad fis Hydref 1958: Dai a Siân a finnau; Mair a Siani.'

120. Anrhegu'r Organydd (1957).

Blaenoriaid a Gweinidog Eglwys Pentöwr yn anrhegu'r organydd, Mrs E.D. Evans (Mayfair), wedi hir wasanaeth ganddi. Y Gweinidog, y Parch. Stanley G. Lewis, yw'r cyntaf o'r chwith; D.J. yw'r ail o'r dde. Mrs Evans, yn naturiol, sy'n cario'r blodau; ar ei llaw dde hi y mae Mr Morgan Jones, athro; ac yng nghanol y llun y mae Mr Richard Lewis. Yn ymyl D.J. y mae Miss Eunice Owen, yr organydd newydd; a'r ochr arall iddo y mae Mr. J.T. Davies (teiliwr).

120A

121

122

122. Siân a D.J. gyda Gwyneth Morgan.

Ysgolhaig ac athrawes yn y Gymraeg yw Gwyneth Morgan, un a fu'n amlwg hefyd yn y frwydr genedlaethol. Mae'n hanu o Aberdâr ac yn byw ar hyn o bryd yn Nghaerdydd. Pan dynnwyd y llun hwn roedd hi'n byw yn Ystradgynlais ac wedi cymryd ei dosbarth Llenyddiaeth Gymraeg ar daith i Abergwaun.

Roedd ei diweddar briod, Trefor Morgan (1914-1970), yntau yn flaenllaw yn y mudiad cenedlaethol. Ymladdodd sawl brwydr etholiadol, ac roedd yn areithiwr dawnus a deifiol. Sefydlodd hefyd Gronfa Glyndŵr i gynorthwyo gwaith yr Ysgolion Cymraeg. Bu ef farw yn gymharol ifanc, ar Ionawr 3ydd 1970 – ddiwrnod o flaen D.J.

123

124

123.   Waldo Williams (1904-1971).

Bu cyswllt agos rhwng Waldo Williams a D.J. Roeddent yn byw yn yr un sir ac yn anadlu'r un awyr ysbrydol. Y cymorth gorau i ddeall y berthynas yw'r 'Braslun' o yrfa D.J. a gyfrannodd Waldo i'r *Gyfrol Deyrnged* (tt. 11-25). Dangosir yno y tir cyffredin yn eu syniadau am lenyddiaeth a chrefydd a gwleidyddiaeth. Y prif wahaniaeth, gellid meddwl, yw'r ddisgyblaeth feddyliol ac ysbrydol – a chorfforol yn wir – a oedd yn eiddo i D.J. Mae Waldo'n edmygu'r nodwedd hon ('A oes rhywbeth o'i le mewn cael blas ar ufudd-dod weithiau?' – *Dilynaf fy mugail o'm bodd*), ac eto yn ei ofni. Drwy berswâd D.J. yn bennaf y safodd Waldo fel Ymgeisydd Plaid Cymru yn Etholiad 1959 ym Mhenfro a chael 2253 o bleidleisiau. Ond methodd D.J. ei ddarbwyllo, er dyfal gasglu ei lawysgrifau barddol, i gyhoeddi cyfrol o'i waith. Gweler Rhif 116.

124.   Llongyfarch Syr Edmwnd Davies.

Ym 1959 dyfarnodd Prifysgol Cymru radd Doethur yn y Gyfraith er anrhydedd i Syr Edmwnd Davies. Sgrifennodd D.J. ato i'w longyfarch, gan gofio ei ran yn achos y llysoedd parthed helynt yr Ysgol Fomio.

Dywed D.J.:

'Dim ond gair i'ch llongyfarch yn ddiffuant ar eich anrhydeddu mor deilwng yr wythnos hon gan Brifysgol Cymru am ddisgleirdeb eich gwasanaeth ym myd y Gyfraith.

Fe gofiwch, gyda pheth ymdrech, efallai, amdanaf i fel y gŵr addfwyn a diniwed y buoch yn ei amddiffyn yng nghwmni'r ddau ddyhiryn hynny, Lewis Valentine a Saunders Lewis, ym Mrawdlys Caernarfon yn 1936 ac yna yn yr Old Bailey yn Ionor 1937, cyn ein bwrw i Wormwood Scrubbs i gnoi ein cil yn fras ar fwrdd ei Fawrhydi, Iorwerth yr Wythfed, cyn ei fwrw yntau hefyd, i Ynys y Bahamas, i gnoi ei ewinedd yno. Fel y mae'r blynyddoedd wedi llithro heibio!

Gan ddymuno i chi o galon hir oes a hoen ac iechyd i fwynhau yr anrhydedd olaf hwn a osodwyd mor deilwng arnoch, ynghyda phob peth da arall.'

125. Ysgol Haf Plaid Cymru, 1960.

Mae D.J. yn rhan gyntaf yr ail res o'r chwith, rhwng Dewi Watkin Powell a Moses J. Jones.

126. Yn Ysgol Haf Plaid Cymru, Caerdydd, 1960.

O'r chwith i'r dde: Ifor Owen, D.J., Y Parch, Arthur Thomas.

126

127

128

127. Gwahoddiad i Barti Prynhawn.

Ymysg y papurau a drosglwyddodd D.J. i'r Llyfrgell Genedlaethol y mae'r gwahoddiad a dderbyniodd ef a Siân i Barti Prynhawn yng Ngerddi'r Dyffryn, Sain Nicolas, ger Caerdydd, ar Awst 5ed, 1960, lle'r oedd y Frenhines i fod yn bresennol.

Tybed a fu rhyw gamgymeriad? Gelwir D.J. yma yn 'O.B.E.', ac nid oes sôn iddo dderbyn y statws hwn. Yr adeg honno roedd Aelod Seneddol Castell Nedd yn dwyn yr un enw: gweler Beti Jones, *Etholiadau Seneddol yng Nghymru 1900-1975* (Talybont, 1977), 128.

128. A.E. (George W. Russell).

Cafodd D.J. ei swyno'n gynnar gan berson a syniadau A.E., yr arweinydd Gwyddelig, fel y dengys ei lyfr *A.E. a Chymru* (1929). Ym 1963 cyhoeddodd drosiad Cymraeg o waith A.E., *The National Being*, sef *Y Bod Cenhedlig*, gyda rhagymadrodd o ryw 30 tudalen. Roedd A.E. yn gyfaill i Plunkett, apostol cydweithrediad economaidd, ac i'r bardd W.B. Yeats. Dywed Gwynfor Evans (*Y Gyfrol Deyrnged*, t. 111) mai 'proffwyd y bywyd gwledig oedd ef (A.E.) yn anad dim, a siaradai am halltu mochyn a phacio wyau gyda'r un angerdd ag am haniaethau'r athronydd.' Wrth grynhoi ei waith fel llenor a phroffwyd dywed D.J.:

'Digon yw dweud mai'r un naws a nodweddion cyffredinol sydd i'r cyfan a sgrifennodd, sef mai sylfaen a sylwedd y Cread i gyd yw'r ysbrydol. Yr oedd llawn mor gartrefol yn trin llyfrau cownt cymdeithasau cydweithredol Plunkett ag yn troi dalennau Vedas yr Hindwaid.'

(*Y Bod Cenhedlig*, 33.)

129. Mewn Ysgol Haf.

Yn Ysgol Haf Plaid Cymru, Pontarddulais, 1962. Mae D.J. yng nghanol y rhes flaen. Ar y dde iddo y mae'r Dr Gwynfor Evans a Dan Thomas; ar y chwith J.E. Jones ac Elwyn Roberts. Yn yr Ysgol Haf hon y sefydlwyd Cymdeithas yr Iaith Gymraeg.

129

130

131

130. Mewn Priodas.

Awst 3ydd, 1963 yw dyddiad y llun hwn. Dywed nodyn gan D.J.:

'Dafydd Hughes, Prifathro'r Ysgol Uwchradd, T. D. Williams, athro yno, a finnau ym mhriodas Anne merch Trefor a Gwyneth Roberts, Prifathro Ysgol Ramadeg Doc Penfro, gynt o Ysgol Abergwaun. Tynnwyd y llun y tu allan i fur hen eglwys Caer Yw [Carew], ddydd y briodas.'

131. Siân ym 1964.

Tynnwyd y llun hwn yn Stiwdio Jon, Abergwaun.

132. Llun ym 1964.

Tynnwyd y llun hwn yn Stiwdio Jon, Abergwaun.

133. Bedd Chwaer D.J.

Yng nghladdfa Capel Rhydcymerau y mae bedd Margaret Ann Miles (Pegi), chwaer D.J., a fu farw ym 1965; hefyd ei phriod, Emlyn Miles, Y.H. Mae'r cwpled yn dweud amdani

*Mawr sêl dros gapel ac iaith
Ei thŷ a'i theulu a'i thylwyth.*

132

134. Un o'i edmygwyr.

Ar gefn y llun hwn ceir 'Cofion cynnes, Shirley. Hydref, 1965.'

133

135. Siân James a'i phlant.

Owen, Siân, William. Haf, 1965.
Merch i Anna, chwaer i briod D.J.
(Siân), yw Siân James. Ganed hi yn
Nyfed, ac mae'n briod â'r actiwr
Emrys James. Yng Nghaerwrangon
y mae eu cartref, ac erbyn hyn mae
ganddynt bedwar o blant.
Sgrifennodd Siân James bedair
nofel yn Saesneg:

One Afternoon (a enillodd Wobr y
Yorkshire Post, 1975). *Yesterday. A
Small Country* (a leolir yng
Nghymru). *Another Beginning.*
Gweler hefyd rifau 145 a 155.

135

134

136. Yr Athro a'r Disgybl.

D.J. gyda'i ddisgybl D.J. Bowen yn
Aberystwyth ym 1965. Bu D.J.
Bowen, sy'n awr yn Athro
Cadeiriol yn Adran y Gymraeg yng
Ngholeg Prifysgol Cymru,
Aberystwyth, yn ddisgybl i D.J. yn
Ysgol Ramadeg Abergwaun.

Dywed yr Athro D.J. Bowen am
waith D.J.: 'Yr oedd dysgu'r
Gymraeg yn genhadaeth iddo, a
dyna paham yr oedd ei wersi'n
wahanol i wersi eraill yn yr ysgol.
Nid dysgu'r iaith er mwyn ei
hachub a wnâi – Cymry oeddem yn
y dosbarth – ond er mwyn inni
ganfod gwerth ein hetifeddiaeth deg
a dod i garu ein llenyddiaeth.'

(Y *Gyfrol Deyrnged*, 27.)

137. Croesawu'r Gŵr Gwadd.
Ym 1965 D.J. oedd y Gŵr Gwadd
yng nghinio blynyddol Cymdeithas
Taliesin yng Ngholeg Prifysgol
Cymru, Aberystwyth. Croesewir ef
yma gan D.J. Bowen. Hefyd yn y
llun y mae, o'r chwith, Edward G.
Millward a'r Athro J.E. Caerwyn
Williams.

138

139

138. Gyda staff Adran y Gymraeg yng Ngholeg Aberystwyth.

Tachwedd 1965, mewn cinio dan nawdd Cymdeithas Taliesin, Coleg
Aberystwyth.

O'r chwith: Mrs Thomas Jones, E.G. Millward, Mrs Millward, D.J. Bowen,
D. Gwenallt Jones, D.J., Yr Athro Thomas Jones, Garfield Hughes, Bryn F.
Roberts.

139. Cyfarch yn Llawen.

Gwenallt yn cyfarch D.J. yng ngwledd Taliesin. Bu cysylltiadau agos rhwng
teuluoedd y ddau lenor yn Rhydcymerau, ac ar wahân i hynny buont yn
agos at ei gilydd mewn gweithgarwch a gweledigaeth. Cafodd Gwenallt
(1899-1968) ei eni a'i fagu ym Mhontardawe ond meithrinodd yntau ei
wreiddiau teuluol yn Rhydcymerau. Gweler *Bro a Bywyd*, y drydedd gyfrol,
gol. Dafydd Rowlands.

140

141

143. Agor Swyddfa yng Nghaerfyrddin.

D.J. yn agor Swyddfa Plaid Cymru yn 8 Heol Dŵr Caerfyrddin ym 1966. Y tu ôl iddo y mae Dr a Mrs Gwynfor Evans, ac mae amryw o wŷr a merched blaenllaw y mudiad yn y llun.

140. Wedi Gwledd Taliesin.

Y tri yn y gornel, D.J. Bowen, Heini Gruffudd, D.J.

141. Ymelwyr ym Medi 1966.

Mrs Mati Caradog Pritchard a'i merch a'i chi gyda D.J. o flaen 49 High Street, Abergwaun.

142. Gyda Caradog Pritchard.

Y prifardd a'r newyddiadurwr Caradog Pritchard gyda D.J. ar y lawnt o flaen 49 High Street, Abergwaun, ar ddechrau Medi 1966.

142

143

144

145

144. Haf 1969.

Tynnwyd y llun hwn ar gyfer rhaglen y BBC, *The Burning of the Bombing School* (BBC 2, Chwefror 1af, 1970). Erbyn darlledu'r rhaglen yr oedd D.J. yn ei fedd. Mewn rhaglen radio ar noson ei angladd dywedodd Ifan Wyn Williams

Piau'r bedd coch newydd yn Rhydcymerau
Rhwng capel ac efel?
Yn y gro gyda nhw, 'u hawdur nhw, yr 'hen wynebau'!

145. Plant y Nofelydd.

Llun ag arno'r dyddiad Nadolig 1966. Disgrifir y cwmni fel hyn:

'Anna chwaer Siân a thri phlentyn Siân Rose – William 4, Owen 2½ mlwydd a Jo, Babi 4 mis.'

Mam y plant yw Siân James, y nofelydd.

146. Ei Gynhadledd Olaf.

Cynhadledd Plaid Cymru ym 1969 oedd yr olaf i D.J. ei mynychu. Fe'i gwelir yn y llun hwn yn yr ail res yn sefyll rhwng Harri Webb a'r Dr Dafydd Huws. Yn y rhes flaen y mae (o'r chwith) Dafydd Elis Thomas, Dafydd Wigley, Dr Gwynfor Evans, Euryn Ogwen, Errol Jones, Dr Wynne Samuel, a Stuart Neal. Hefyd yn y llun y mae E.G. Millward, Alun Ogwen, Chris Rees, John Lazarus Williams, Nans Gruffydd, Nans Jones, Gwynn Matthews, ac Elwyn Roberts.

146

147

147.   Gartref gyda'i Lyfrau.

Ym 1969, yn ôl pob tebyg, y gwnaed y llun hwn.

148.   Cyfarfod Ymadawol.

Cyfaill agos i D.J. yn ei flynyddoedd olaf oedd y Parch. Stanley G. Lewis, ei weinidog. D.J. a lywyddodd ei gyfarfod ymadawol ar Fawrth 31ain, 1969. Cawsai ei ethol yn flaenor ym 1954.

149.   D.J. a Pontshân (Eirwyn Jones).

Yn Rali Cilmeri, 1969. Llun, Raymond Daniel. Pontshân yw awdur *Hyfryd Iawn* (Talybont, 1966; ailargr 1973).

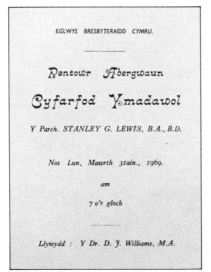

EGLWYS   BRESBYTERAIDD   CYMRU.

Pentowr   Abergwaun

Cyfarfod   Ymadawol

Y Parch. STANLEY G. LEWIS, B.A., B.D.

Nos   Lun,   Mawrth   31ain., 1969.

am

7 o'r gloch

Llywydd :   Y Dr. D. J. Williams, M.A.

148

149

150

150. Niclas y Glais a D.J.

Ymddengys mai golygfa etholiadol a ddaeth â'r ddau Gymro nodedig hyn at ei gilydd, gan fod Niclas yn sefyll y tu faes i Ystafell Bwyllgor y Blaid Lafur. Roedd y ddau yn dra amlwg yn ein llenyddiaeth ac eto'n fawr eu dylanwad gwleidyddol.

Yn Llanfyrnach, Sir Benfro, y ganed T.E. Nicholas (1879-1971), a bu'n weinidog yn Seion Glais o tua 1904 hyd tua 1914; gweler sylwadau Dr Nesta Lloyd yn *Gwŷr Llên Abertawe* (Abertawe, 1982), 20. Bu ef fel D.J. yng ngharchar, ond erbyn hyn yr oedd yn ddeintydd llwyddiannus. Ceir cyferbyniad gogleisiol yn yr arddull allanol – y 'cap Dai' Comwnyddol, ond bow-dici a smotiau gwyn, watsh wasgod, sigaret mewn gafaelydd; D.J. ar y llaw arall yn barchus o draddodiadol.

151

David John Williams

Abergwaun

26 MEHEFIN 1885—4 IONAWR 1970

". . . yn gymeradwy ym mysg lliaws ei frodyr ; yn ceisio
daioni i'w bobl, ac yn dywedyd am heddwch i'w holl hiliogaeth."
—Llyfr Esther, X, 3.

152

TREFN Y GWASANAETH

o dan ofal ei gyn-weinidog :
Y Parchedig STANLEY LEWIS

ORGANYDD - MRS. A. WILLIAMS

EMYN : Y Parch. Athro D. Eirwyn Morgan

DARLLEN : Y Parch. Gomer Roberts

GWEDDI : Y Parch. T. J. Davies

CÂN : Plant Ysgol Rhydcymerau

TEYRNGED : Y Parch. Lewis Valentine

DARLLEN : "Cân Gwenallt i D J ."—Y Parch. Aled Jones

TEYRNGED : Miss Cassie Davies

CÂN : Dafydd Iwan

TEYRNGED : Y Parch. Stanley Lewis

EMYN : Y Parch. J. Howell Evans

Y FENDITH : Y Parch. J. Howell Evans

151. Taflen yr Angladd.

Bu farw D.J. ar ôl annerch Cyngerdd Cysegredig ar Nos Sul yng Nghapel
Rhydcymerau ar Ionawr 4ydd, 1970. Yn yr anerchiad bu'n annog
ffyddlondeb i Gymru a'i delfrydau, ac apeliodd am gefnogaeth i'w
llenyddiaeth. Anodd meddwl am ddiwedd mwy addas, ac yntau wedi
dychwelyd am ennyd i gysegrfan ei Hen Ardal. Cludwyd ei gorff i gartref
Dr a Mrs Gwynfor Evans, sef Talar Wen, Llangadog.

Yng Nghapel Rhydcymerau y bu'r gwasanaeth angladdol, ac yr oedd yr
adeilad dan ei sang er mor rhewllyd oedd yr hin.

152. Trefn y Gwasanaeth.

153. Bedd Siân a D.J.

Roedd Siân wedi marw ym 1965, a cheir teyrnged iddi gan Cassie Davies
yn *Y Gyfrol Deyrnged*, a gyhoeddwyd yn yr un flwyddyn. Yn y gladdfa ger
Capel Rhydcymerau y mae bedd y ddau bellach, a rhyw symledd
chwaethus yn nodweddu'r cyfan.

154. Arysgrifau'r Bedd.

Dyma fedd Siân a D.J. Ar y chwith
(wrth wynebu'r pennawd a
nodwyd); *Siân Williams, 1884-1965,
annwyl briod D.J., 1885-1970, ac
yntau'n gorwedd gyda hi a'r Hen
Wynebau eraill yn eu tragwyddol
hedd.*

Ar y dde: *Yn gymeradwy ymysg lliaws
ei frodyr: yn ceisio daioni i'w bobl, ac
yn dywedyd am heddwch i'w holl
hiliogaeth.*

153

155. Atgofion ei Nith.

Mewn ysgrif yn y *Western Mail* yn
Ionawr, 1970, mae Siân James yn
croniclo atgofion amdano. Sonia
am ymweliadau mynych Waldo
Williams. Cafodd bleser, meddai, o
sylwi bod Waldo a D.J. yn barod i
fwyta'r bwyd a goginiai hi; a
dyfynna bennill a ganodd Waldo er
clod iddi:

*Gwyn fyd y gŵr fo'n weste
Yng nghegin fach y Briste.
Mae Siân yn wych am drwytho'r dail,
Ond Siân yr ail am baste.*

155

SIAN JAMES, a niece of Dr. D. J. Williams, eminent Welsh scholar and nationalist, who died earlier this month, writes here of her childhood memories of 'D.J.'

156

I LIVED with D.J. and his wife, my dear Aunty Sian, for some months when I was a baby, during which time I swallowed his watch chain.

"I only just managed to yank it out, link by link," he used to say. "Never was man closer to being deprived of rightful possession."

Naturally, I don't recall that incident, but I can remember the time he set me up on his shoulders so that I should make a speech praising the excellence of my aunt's Christmas dinner.

I was three or four at the time. He suddenly let go my legs and I fell and was knocked unconscious. I soon forgave him that, but he never let me forget the watch chain or his half-crown book of stamps which I had chewed up on another occasion.

a rhyfygu."

"O Dafydd, you look like a toad." "Jane. Do not blaspheme."

I loved the days when his great friend, the poet Waldo Williams, came to visit him.

D.J. was specially gay then, though when Waldo read out some of his wonderful poems he would become intensely serious in a moment, most moved, full of praise.

By rights, I should have gained much from the proximity of these two literary giants, but, alas, it's only the pranks and fun I remember, and perhaps some of the stories they exchanged when my aunt was out of the room.

A pastime I remember well is when we made the wireless screech and hum by turning all the knobs very fast; not by any standards a cultural pursuit.

might be busy marking exercise books or checking proofs, he loved to sit back, listening to me reading out the best bits; at first trying to appear fairly unimpressed but very soon breaking out into chuckles and chortles and gurgles of delight.

I remember his laughter most of all. It was generous laughter, he enjoyed every witticism, however feeble.

But when something really tickled him he would hunch his shoulders and give himself up entirely to what, in a schoolgirl, would be described as a prolonged fit of the giggles. Even a word or two could set him off, then and always.

He cultivated gaiety. He enjoyed the standing joke, the regular catchword, "the every morning hullabaloo."

156. Stampiau Coffa D.J..

Cyhoeddwyd y rhain gan Y Lolfa, Talybont, ym 1970.

157

158

157.   Dadorchuddio Cofeb yn Abernant.

Dydd Sadwrn Medi 17eg 1977 y bu Cassie Davies, Tregaron, yn dadorchuddio cofeb i D.J. yn Abernant.

158.   Y Gofeb ar Dŷ Abernant.

Y ffermdy arall lle bu D.J. yn byw oedd Penrhiw, 'Yr Hen Dŷ Ffarm'; ac fe gofir iddo werthu hwnnw ynghyd â'r tir am ddwy fil o bunnoedd a chyflwyno'r arian i Gronfa Gwyl Dewi Plaid Cymru ym 1966. Dywed y Dr Gwynfor Evans wrthyf na thynnodd D.J. o'r cyfanswm hwnnw hyd yn oed dreuliau'r cyfreithiwr.

159

PLAID CYMRU

ETHOLAETH CAERFYRDDIN

DYDD SADWRN, MEDI 17eg, 1977

ABERNANT, RHYDCYMERAU

DADORCHUDDIO COFEB I GOFIO AM

D. J. WILLIAMS
1885 — 1970

159. Dadorchuddio Cofeb.
Ar Fedi 17eg, 1977 dadorchuddiwyd cofeb i D.J. yn Abernant, Rhydcymerau. Dyma ddalen gyntaf y rhaglen.

160

RHAGLEN Y DYDD

———

10 o'r gloch Pererindod gan Ieuenctid Shir Gâr o Benrhiw i Benrhiw

Trefnwyd taith gerdded noddedig gan gychwyn ym Mhenrhiw, 8 Heol Dŵr, Caerfyrddin. Bydd y cerddwyr yn cyrraedd Abernant, Rhydcymerau o 3 o'r gloch ymlaen

═══════════

5 o'r gloch Wrth Abernant, Rhydcymerau

Llywyddir gan Mr. D. O. Davies

I gymryd rhan:
    Plant Ysgol Gynradd Rhydcymerau
    Dafydd Iwan
    Elin Young a Rhiannon Roberts

Dadorchuddir y Gofeb gan Miss Cassie Davies, Tregaron

HEN WLAD FY NHADAU

═══════════

6 o'r gloch Ym Mynwent Rhydcymerau

Llywyddir gan y Parch. Howell Evans

Darlleniad a gweddi: Parch. Idris Evans

Gosodir y Cawg ar y bedd gan Mr. Gwynfor Evans

Emyn: "Cofia'n Gwlad Benllywydd Tirion"

═══════════

7 o'r gloch CYNGERDD Y COFIO yn Neuadd Llansawel

Artistiaid: Ritchie Thomas, Dafydd Iwan, Aled Gwyn, Côr Merched Myrddin

Llywydd: Mrs. Davies, Cwmcoedifor, Rhydcymerau

160. Trefn y Gweithrediadau.
Cafwyd pererindod gan ieuenctid y sir o Gaerfyrddin i Rydcymerau. Yna cynhaliwyd tri chyfarfod – wrth Abernant ac ym Mynwent Rhydcymerau ac yn Neuadd Llansawel.

161

D. J. Williams yn agor Swyddfa Plaid Cymru yng Nghaerfyrddin yn 1966

DIOLCHIADAU

Mae Pwyllgor Etholaeth Caerfyrddin o Blaid Cymru yn dymuno diolch i berchnogion presennol Abernant sef Mr. a Mrs. Rees, am ei caniatad caredig i osod y gofeb ar y mur ac am bob cefnogaeth.

Dymunir diolch i Weinidog a Swyddogion Capel Rhydcymerau am eu parodrwydd hwythau i helpu gyda'r trefniadau.

Diolch i Gyngor y Celfyddydau yng Ngorllewin Cymru am ei cefnogaeth.

A diolch gwresog i bawb a fu'n cymryd rhan yn ystod y dydd.

Cafodd yma yng Nghymru genedl y cymerwyd pymtheg cant o flynyddoedd i'w chreu. Gwelodd ei rhagoriaethau a'i gwendidau. Mynnodd mai ei ddyletswydd ef, a phob Cymro, oedd rhoi ei deyrngarwch iddi a byw er ei mwyn. Trwy gydol ei fywyd gwleidyddol rhed ei deyrngarwch godidog fel llinyn arian. Bu'n ffyddlon i Blaid Cymru, i'w gydweithwyr yn yr achos ac i'w genedl, gan eu gosod bob amser o flaen uchelgais a chysur personol—Gwynfor Evans A.S. yn *Cyfrol Deyrnged D. J. Williams.*

J. W. Thomas a'i Feibion, Gwasg y Sir, Llandeilo 3261

162

Abernant ar ei newydd wedd
Gweler darlun o'r cartref cyn ei adnewyddu yn y *Gyfrol Deyrnged, Tud. 112*

IEUAN REES

Cynllunydd a gwneuthurwr y Gofeb

Gŵr ifanc o'r Tymbl yw Ieuan Rees ac yn gweithio yn awr o'i gartref ger Llandybie. Bu yn Ysgol Arlunio Camberwell, Llundain, ac yn y Coleg Arlunio Brenhinol.

Mae'n arbennigwr ar "caligraffi a llythrenni cerfiedig".

Ef a luniodd y gilfach goffa ym Mro Gynin i gofio am Ddafydd ap Gwilym.

Tra bo darllen Cymraeg fe fydd byw Rhydcymerau a'i gymeriadau . . . Molawd i gymdeithas Gymreig a Chymraeg yw yr "Hen Dŷ Ffarm" a hefyd gyffes ffydd un o genedlaetholwyr hoffusaf Cymru—Aneurin Talfan Davies yn *Crwydro Sir Gâr.*

161.   Diolch a Theyrnged.

Ar ôl y 'Diolchiadau' yn y rhaglen hon, gydag atgof am D.J. yn agor y Swyddfa yng Nghaerfyrddin, argreffir rhan o deyrnged gan y Dr Gwynfor Evans.

162.   Adnewyddu Abernant.

Bu adnewyddu ar Abernant, ac yn awr rhoddwyd cofeb ar y mur blaen o waith Ieuan Rees.

163.   Clytwaith o'r Cloriau Llyfrau.

163

Y Prif Ddyddiadau

1885   Geni D.J. ym Mhenrhiw, Llansawel
1891   Y teulu'n symud i Abernant
1891-98 Ysgol Rhydcymerau
1902-06 Gweithio fel glöwr yn Ferndale, Cwm Rhondda; y Betws,
         Rhydaman; a Blaendulais
1906   Ysgol Mr Stephens yn Llanybydder
1908-10 Disgybl-athro yn Ysgol Llandrillo, Edeyrnion
1910-11 Ysgol yr Hen Goleg, Caerfyrddin, o dan Joseph Harry
1911   Ei dderbyn i Goleg Prifysgol Cymru, Aberystwyth
1916   Wedi graddio yn Aberystwyth ennill Ysgoloriaeth Meyricke
         i Goleg Iesu, Rhydychen
1918   Graddio yn Rhydychen
1918   Ei benodi yn athro Cymraeg dros dro yn Ysgol Lewis, Pengam
1919-36 Athro Saesneg ac Ymarfer Corff yn Ysgol Ramadeg
         Abergwaun
1925   Un o bwyllgor scfydlwyr Plaid Cymru
1925   Priodi Siân Evans, merch y Parch. a Mrs Dan Evans, Hawen
1936-37 Naw mis o garchar yn Wormwood Scrubs oherwydd ei ran yn
         helynt yr Ysgol Fomio ym Mhenyberth
1937-45 Athro Cymraeg yn Ysgol Ramadeg Abergwaun
1954   Ei ethol yn flaenor yn Eglwys Pentôwr, Abergwaun
1957   D.Litt. er anrhydedd gan Brifysgol Cymru
1965   Marw Siân ei briod
1966   Gwerthu'r 'Hen Dŷ Ffarm' a rhoi'r elw'n gyfan i Blaid Cymru
1970   Marw yn Rhydcymerau.

Y Prif Weithiau

Maith yw'r rhestr o gyhoeddiadau D.J. Gweler 'Gweithiau D.J.
Williams' gan David Jenkins ar ddiwedd *D.J. Williams Abergwaun:
Cyfrol Deyrnged* gol. John Gwyn Griffiths (Llandysul, 1965), 161-8; hefyd
Gareth O. Watts ar ddiwedd *D.J. Williams, Abergwaun, Y Gaseg Ddu a
Gweithiau Eraill* (Llandysul, 1970), 161-5, lle rhoir gweithiau 1965-70 ac
ychwanegiadau at y rhestr gyntaf. Buddiol yn ogystal yw'r llyfryddiaeth
a rydd Dafydd Jenkins ar ddiwedd ei gyfrol *D.J. Williams* (Writers of
Wales, Gwasg Prifysgol Cymru, 1973), 89-92. Yma cynhwysir y
gweithiau amlycaf yn unig.

1929   *A.E. a Chymru*. Gwasg Aberystwyth
1934   *Hen Wynebau*. Gwasg Aberystwyth
1936   *Storïau'r Tir Glas*. Gwasg Aberystwyth
1941   *Storïau'r Tir Coch*. Gwasg Aberystwyth
1949   *Storïau'r Tir Du*. Gwasg Aberystwyth
1953   *Hen Dŷ Ffarm*. Gwasg Aberystwyth
1954   *Mazzini: Cenedlaetholwr, Gweledydd, Gwleidydd*. Caerdydd,
         Plaid Cymru
1959   *Yn Chwech ar Hugain Oed*. Gwasg Aberystwyth
1963   *Y Bod Cenhedlig*. Cyfieithiad gyda rhagymadrodd o
         The National Being gan A.E. Caerdydd, Plaid Cymru
1966   *Detholiad o Storïau'r Tir*. Llandysul. Ail argr. 1980
1968   *Codi'r Faner*. Caerdydd, Plaid Cymru
1970   *Y Gaseg Ddu a Gweithiau Eraill*. Gol. John Gwyn Griffiths.
         Llandysul

Diolchiadau

Yn nechrau'r flwyddyn eleni (1982) y derbyniais wahoddiad caredig Mr Tomi Scourfield, Cyfarwyddwr Cymdeithas Celfyddydau Gorllewin Cymru, i lunio'r gyfrol hon. Pleser oedd gennyf gydsynio gan fod y testun, Bro a Bywyd y Dr D.J. Williams, Abergwaun, eisoes yn agos i'm calon. Bu dilyn ei rawd a'i gampau unwaith eto yn brofiad iachusol; a mwy byth yw f'edmygedd ohono fel llenor goludog ei ddawn a gwladgarwr dyfal ei ymlyniad a heddychwr cadarn ei safiad. Yn fuan wedi imi gydsynio trefnodd Mr Scourfield imi gyfarfod ag ef a Mrs Nan Griffiths, Swyddog Llenyddiaeth Cyngor Celfyddydau Cymru. Cefais ganddynt amlinelliad clir o'r cynllun, a thrwy gydol y paratoi bu'r ddau yn barod iawn eu cyfarwyddyd a'u cymorth.

Gadawodd D.J. (a dyna'r ffurf y mae anwyldeb a hwylustod yn ei hawgrymu) ei holl ddeunydd personol i Mr Meredith Miles, Brackla, Pen-y-bont-ar-Ogwr. Mab (mabwysiedig) yw ef i Pegi, chwaer D.J., ac yn ddoeth iawn cyflwynodd ef y deunydd i Lyfrgell Genedlaethol Cymru. Hefyd rhoddodd ganiatâd parod iawn i ddethol o'r deunydd ar gyfer y gyfrol hon. Darparodd y Llyfrgellydd, Dr R. Geraint Gruffydd, bob cyfleustra gyda'r gwaith; ac mae arnaf ddyled arbennig i Mrs Nia Henson, Ceidwad Cynorthwyol yn Adran y Llawysgrifau a'r Cofysgrifau, am ei chymorth caredig i mi a'm priod yn y gwaith o ddethol a pharatoi. Bu'n dra gofalus wrth hwyluso'r cyfan, a daw 62 o'r lluniau o'r adran hon; daw ambell un hefyd o Adran y Mapiau. Cafodd y lluniau hyn oll eu hatgynhyrchu'n fedrus. Daeth nifer o luniau hefyd trwy law Mr Dafydd Williams, Plaid Cymru, Caerdydd; Mr Peter Hughes Griffiths, Caerfyrddin; Dr Hywel Francis, Abertawe; Mr Arthur Evans, Rhydcymerau; yr Athro D.J. Bowen a Mr Tegwyn Jones, Aberystwyth; y Cynghorydd Glyn James, Ferndale; a'r Dr Gwynfor Evans. Diolchaf yr un modd i Gyngor Celfyddydau Cymru am fenthyg un llun.

Mae nifer helaeth o'r lluniau yn rhai newydd ac yn gynnyrch teithiau difyr i'r bröydd. Rwy'n ddyledus i'm mab Heini Gruffudd am y teithiau a'r lluniau hyn. Yr antur fwyaf oedd dod o hyd i'r 'Hen Dŷ Ffarm', sef Penrhiw. Mae yn ymyl coedwig fawr – nid y 'fforest wreiddiol rydd', chwedl Gwenallt, ond coedwig drefnedig fel byddin unffurf.

Adnabod y lleoedd a'r personau, dyna'r broblem. Gyda Rhydcymerau a'r 'Filltir Sgwâr' cefais gyngor gwerthfawr gan Dr Gwynfor Evans: deuthum i gyswllt â Mr D.O. Davies, Abersalfach, Pontargothi. Cafodd ef ei eni a'i fagu yn Rhydcymerau, a dihysbydd yw stôr ei wybodaeth. Dibynnais lawer ar ei gymorth hael. Yn y pentref prydferth cawsom groeso serchog yn y Capel gan y Parch. J. Howell Evans, y Gweinidog, Mrs Mary Jones, Ysgrifennydd yr eglwys, a Mr Arthur Evans, y pen-blaenor, sy'n ŵyr i Dafydd Ifans y Siop.

'Teithiau sentimental' hefyd oedd y rheini i Gymoedd y Glo – Ferndale, Cwm Rhondda; Y Betws, Rhydaman; a Blaendulais. Cefais gymorth gan Dr Hywel Francis, Llyfrgell Glowyr De Cymru, Abertawe a Mrs K.N. Campbell; y Cynghorydd Glyn James, Ferndale; Dr Tom Davies, Blaendulais; a'r Parch. a Mrs H. Wynne Griffiths, Abertawe. Wrth gwrs, mae D.J. ei hun wedi manylu'n orchestol ar fywyd yr ardaloedd hyn. Gwerthfawrogaf hynny fel un a fagwyd yng Nghwm Rhondda; a gellir cymharu rhai o nofelau lled-hanesyddol Rhydwen Williams.

Wrth ymdrin â gwaith D.J. fel athro yn Ysgol Ramadeg Abergwaun bûm yn ffodus i gael cymorth dau o'i gyn-ddisgyblion disglair, sef yr Athro Dafydd J. Bowen, Aberystwyth, a'r Parch. M. Islwyn Lake, yn awr o Fachynlleth.

Bu D.J. yn absennol o'r ysgol am flwyddyn oherwydd ei ran yn helynt yr Ysgol Fomio ym 1936. Ar wahân i hynny bu'n llafurio ac yn aberthu'n gyson dros achos Plaid Cymru. Yn y maes hwn bu Dr Gwynfor Evans yn gymorth mawr; fe'm goleuodd yn arbennig ar fater aberth D.J. pan werthodd yr 'Hen Dŷ Ffarm' a chyflwyno'r holl arian i Blaid Cymru, heb dynnu allan hyd yn oed dreuliau'r cyfreithiwr. (Roeddwn i yn Cairo ar y pryd.) Cefais air cynorthwyol hefyd gan Mr Gilmor Morgan, Llansawel, perchennog presennol Penrhiw; a chymorth arbennig gan Mr Dafydd Williams, Ysgrifennydd Cyffredinol Plaid Cymru, a Miss Gwerfyl Arthur yn y Swyddfa; hefyd gan Mr Peter Hughes Griffiths, Caerfyrddin. Trafferthodd amryw eraill i ateb fy holiadau, yn neilltuol Mr Dyfnallt Morgan, Bangor; Yr Athro Stephen J. Williams, Abertawe; Mrs Gwyneth Morgan, Caerdydd; Mr Brynmor Thomas, Aberystwyth.

Er cymaint y cymorth, ofnaf fy mod weithiau wedi camddehongli a chamenwi. Ymddiheuraf ymlaen llaw. Dyn gofalus a manwl oedd D.J. Cafwyd nodiadau ar ryw draean o'r lluniau a feddai. Ond rocdd y mwyafrif heb unrhyw nodyn. Da chi, lenorion, nodwch y lle a'r amser. Ac yn arbennig dywedwch pwy yw pwy!

Eto'i gyd, f'ymdeimlad pennaf wedi'r gwaith hwn yw gwerth y fraint o gael cymuno ag eneidiau dethol. Y gorffennol coll yw'r maes, mewn ffordd – *à la recherche du temps perdu*. Ond mewn ystyr bwysig nid yw ar goll. Mae D.J. yn dal i lefaru drwy ei eiriau hudol a ffraeth. A gwych yw'r gyfathrach â phobl sy'n credu o hyd yn yr un delfrydau.

Cynllunydd y gyfres yw Mr Vyvyan Davies, Caerdydd, a diolchaf iddo yntau am ei gydweithrediad trylwyr.

Diolchir i'r rhai a ganlyn am y lluniau a nodir:

Dr Gwynfor Evans, 99.
Yr Athro D.J. Bowen, 138, 139, 140, 144.
Cyngor Celfyddydau Cymru, 123.
Raymond Daniel, Llanddewi Brefi, 149.
Dr Hywel Francis, 40.
Y Cynghorydd Glyn James, 32A.
Y Lolfa, Talybont, 156.
Swyddfa Plaid Cymru, Caerdydd, trwy law Dafydd Williams, 83, 86, 88, 95, 100, 104, 125, 126, 129.
Swyddfa Plaid Cymru, Caerfyrddin, trwy law Peter Hughes Griffiths, 143, 146, 157, 158, 159, 160, 161, 162.
Heini Gruffudd, 2, 3, 5, 9, 10, 12, 13, 14, 15, 17, 18, 19, 20, 24, 27, 28, 30, 31, 32, 33, 34, 35, 36, 37, 38, 39, 41, 42, 59, 71, 74, 75, 76, 77, 78, 92, 97, 113, 129, 133, 136, 137, 153.

Daw bron y cyfan o'r gweddill o blith y deunydd a oedd ym meddiant D.J. ei hun ac a drosglwyddwyd i Lyfrgell Genedlaethol Cymru.

John Gwyn Griffiths Golygydd
30 Medi 1982